당신을 '에너지 버스'에 초대합니다.

이 에너지 버스에 올라탄 순간, 당신에게도

기적과 같은 인생의 선물이 찾아올 것입니다.

________________님께

________________ 드림

이 책에 쏟아진 찬사들

당신의 가족, 당신의 일, 당신의 팀, 그리고 당신이 속한 조직을 활력으로 가득 채우려면, 이 책을 집어라. 존 고든은 당신이 하는 모든 일이 술술 풀려나가는 데 필요한 긍정 에너지를 키우고 성장시킬 모든 노하우를 이 책에 담아놓았다. 새로운 에너지를 불어넣어줄 기적의 버스, 그토록 기다렸던 그 버스를 마침내 만났다!

– 《칭찬은 고래도 춤추게 한다》 저자, 켄 블랜차드(Ken Blanchard)

이 책을 읽으면 활력이 넘치고 지금보다 몇 배는 더 행복해질 길이 보인다. 존 고든이 '긍정 에너지'의 전도사라면, 이제 나는 그 종교의 열렬한 광신도가 되고 말았다.

– 올해의 라스베이거스 엔터테이너, 대니 갠스(Danny Gans)

뭔가 새로운 슬로건을 갈망하던 우리 세일즈 전문가들이 목마르게 기다리던 책이다. 읽는 구절구절 너무나 감동적이고 누구에겐가 옮겨주고 싶다.

– 푸르덴셜 부동산 네트워크 CEO, 린다 쉐러(Linda H. Sherrer)

어제까지 어떤 것이 에너지를 넘치게 하는 선택인지 몰랐다. 그런데 한발 한발 주인공과 함께 나아가는 동안, 우리 조직으로 하여금 최강의 실적을 내도록 하는 방안이 머릿속에 그려져 갔다. 오늘의 나는 어제와는 완전히 다르다. 너무나 고마운 책이다.

– CTX 모기지 상무이사, 대니 디튼(Danny Deaton)

존 고든은 '긍정 에너지'라는 신대륙을 발견한 '운 좋은 탐험가'다. 아무리 높은 오르막이라도 존의 에너지 버스만 있다면 오를 수 있다. 독자로 하여금 세계를 정복한 듯 통쾌한 감동을 주는 책이다.

– HBO스포츠 아나운서, 프랜 찰스(Fran Charles)

살아가면서 부딪히는 도전과 역경, 그것으로 인해 힘 빠지고 스스로 나태해지고 마는 우리. 존 고든은 에너지의 힘으로 그것을 타파하는 법을 알려준다. 오늘부터 나는 내 '에너지 버스'를 힘차게 몰 것이다.

–《The Big Book of Small Business》 저자, 톰 기객스(Tom Gegax)

목적, 비전, 열정, 정신력…. 성공을 위한 필수 요소다. '에너지 버스'는 이 모든 요소들을 한데 녹여 놀라운 기적을 일으키게 하는 조리법을 담았다. 읽는 것만으로도 긍정 에너지로 철철 넘친다. 자, '에너지 버스'에 올라 이 신나는 여행을 즐기자.

– NBA 올란도매직 수석코치, 팻 윌리엄스(Pat Williams)

능력도 있고 자질도 갖췄는데 왠지 일이 잘 안 풀려나간다면, 자신이 '에너지 버스'에 타고 있는지 돌이켜볼 일이다. '에너지 버스'는 인생이라는 가슴 벅찬 무한 가능성의 세계로 당신을 데려다줄 것이다.

– 석세소리스(Successories) 창업자, 맥 앤더슨(Mac Anderson)

긍정적이고 높은 성과를 내는 조직을 만들고 싶다면 '에너지 버스'에 올라타라! 그 버스에 올라탄 순간, 기적이 시작될 것이다.

– 《레인메이커》 저자, 제프리 폭스(Jeffrey Fox)

'에너지 버스'로 회사 내에 안개처럼 감도는 부정적인 에너지를 몰아내라! 존 고든이 이 책에서 제시하는 방법론을 통한다면, 팀의 사기가 충천하고 수익이 치솟는 것을 목격하게 될 것이다.

– PPR(Professional Placement Resources) CEO,
드와이트 쿠퍼(Dwight Cooper)

THE ENERGY BUS

THE ENERGY BUS

에너지 버스

ENERGY BUS

존 고든(Jon Gordon) 지음
유영만 · 이수경 옮김

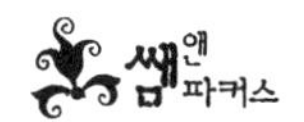

나의 어머니, 낸시 니콜로시(Nancy Nicolosi)께 이 책을 바칩니다.

암이라는 병마 앞에서 보여준 당신의 강인함과 용기는

제게 많은 것을 가르쳐주었습니다.

가슴 깊은 곳으로부터 진실한 마음으로, 당신을 사랑합니다.

프롤로그

'에너지 버스'에 탑승하신 것을 축하드립니다!

빙고!

'에너지 버스'에 탑승하신 것을 환영합니다.

그러나 당신의 삶이 이미 하루하루 눈부신 축제 같다면, 그래서 산다는 일이 너무나 즐겁고 행복해서 어쩔 줄 모르겠다면, 지금 당장 이 에너지 버스에서 내리셔도 좋습니다. 혹여 누군가가 눈치 없이 당신에게 이 책을 선물했다고 해도 그냥 선심 쓰는 척하고 친구나 동료에게 줘버리십시오.

하지만 인생이라는 게 어찌 하루하루 축제 같을 수만 있을까요? 하루는커녕 아침저녁으로 희비가 엇갈리고, 환희의 축배와 절망의 한숨소리가 시계추처럼 교차되는 게 바로 우리네 삶인 것을요. 그나마 그쯤이면 다행이지요. 아직은 '살아 있다'는 증거니까요.

봄이 오는지 겨울이 가는지 알 바 아니라는 듯, 더 이상 슬플 일도 기쁠 일도 없다는 듯, 생명의 빛이 모조리 꺼져버린 '좀비'처럼 한없는 무기력에 빠진 사람들이 우리 주위엔 의외로 많습니다. 저도 한때는 그중 한 사람이었지요.

그러나 결국 내 인생은 아무도 대신 살아주는 게 아니라는 사실, 그리고 내가 숨 쉬고 존재하는 이 순간순간은 결코 돌이킬 수 없는 것이며, 그 순간을 온통 불쾌하고 부정적인 에너지로 도배할 것인지, 행복하고 긍정적인 에너지로 가득 채울 것인지는 결국 내가 '선택'하는 것이라는 사실을 깨달은 후, 제 삶에는 놀라운 변화와 함께 믿을 수 없는 기적이 일어나기 시작했습니다.

저는 지금 강사로, 컨설턴트로, 저자로 하루 24시간을 48시간처럼 바쁘게 '누리며' 살고 있습니다. '에너지 전도사'라는 별명도 새로 얻게 되었지요. 예전보다 3배는 더 바쁘고, 예전보다 10배는 더 많은 사람들을 만나며 살고 있지만, 제 삶은 언제나 활력과 즐거움이 넘칩니다. 동료나 친구들과의 관계도, 아내나 아이들과의 관계도 예전에는 상상조차 할 수 없었을 만큼, 끈끈한 유대감과 깊은 사랑으로 넘칩니다. 저는 너무나 행복합니다.

이 책은 그러한 저의 경험을, 긍정 에너지가 얼마나 놀랍게 삶을 변화시켜주는지에 대한 저의 믿음을 당신께도 나누어드리고 싶은 제 소박한 바람의 산물입니다. 그리고 당신도 이 '에너지 버스'에 탑승한 이상, 어쩌면 저 못지않은 열렬한 '에너지 메신저'가 되실지도 모릅니다.

이 책에는 '조지'라는 한 회사의 '팀장'이 등장합니다. 여러모로 지쳐 있는 친구지요. 너무나 지치고 힘든 나머지, '세상은 내게 의무와 책임만을 강요한다'고 여기며 하루하루 버티듯 살아갑니다. 그러던 어느 날 '조이'라는 이름의 버스 운전사를 만나게 되고, 자신의 인생이라는 '버스'를 에너지로 가득 채울 10가지 룰을 하나하나 배워가게 됩니다. 페이지를 넘겨가며 우리는 그가 10가지 에너지 룰을 통해 자신의 삶을 변화시켜가는 모습을 지켜보게 될 것입니다.

하지만 이 책을 읽어나가다 보면 그 10가지 룰이 비단, 어느 조직의 리더나 팀장, 오피니언 리더들에게만 해당되는 게 아니라는 점을 발견하게 될 것입니다. 또 이 이야기가 반드시 기업에 몸담은 사람들에게만 적용되는 이야기도 아니라는 것을 느끼게 될 것입니다. 작중 부하직원인 래리나 마이클, 호세의 입장에서 이야기를 읽어 내려가거나, 조지의 아내 입장에서 이야기를 받아들일 수도 있을 것입니다. 또 학교 선생님인 제니스가 이 10가지 룰을 어떻게 학생들에게 전파했을까 상상해볼 수도 있을 것입니다.

그러나 당신이 처해 있는 상황이 어떠하든, 당신이 이 책을 통해 얻을 수 있는 진리의 무게에는 변함이 없으리라 생각합니다.

그리고 긍정 에너지로 충전된 당신이 내뿜을 수 있는 무궁한 파워 역시, 당신이 가진 사회적 지위나 영향력에 관계없이 무한대의 영향력을 발휘하리라 믿습니다. 우리는 모두 연결돼 있으며, 에너지는 다른 사람에게 전달될수록 더 강해지게 마련이니까요.

우리의 가정, 학교, 국가, 나아가 이 세계는 '긍정 에너지'에 굶주려 있습니다. 칭찬과 격려, 긍정과 희망의 메시지로 주파수를 돌려야 할 때입니다. 지금 이 글을 읽고 계신 당신께서 먼저 주변의 모든 사람에게 '긍정 에너지'를 퍼부어주는 '에너지 메신저'가 돼주십시오.

'아, 지겨워.' 하는 푸념으로 하루를 시작하기보다, '오늘은 또 어떤 일이 나를 기다리고 있을까?' 하는 기대로 시작한다면, 하루가 얼마나 달라질까요? '저 사람은 만날 왜 저래?' 하는 질타가 아니라 '꼭 잘 해낼 거라 믿어.' 하는 신뢰로 상대방을 대한다면, 그 사람의 가능성이 더 환하게 꽃필 수 있지 않을까요?

지은이 존 고든

목차

행복한 인생을 위한
10가지 '에너지 버스' 룰

Rule #1 당신 버스의 운전사는 당신 자신이다.

Rule #2 당신의 버스를 올바른 방향으로 이끄는 것은 '열망', '비전', 그리고 '집중'이다.

Rule #3 당신의 버스를 '긍정 에너지'라는 연료로 가득 채워라.

Rule #4 당신의 버스에 사람들을 초대하라. 그리고 목적지를 향한 당신의 비전에 그들을 동참시켜라.

Rule #5 버스에 타지 않은 사람들에게 에너지를 낭비하지 마라.

Rule #6 당신의 버스에 '에너지 뱀파이어 탑승 금지' 표지판을 붙여라.

Rule #7 승객들이 당신의 버스에 타고 있는 동안, 그들을 매료시킬 열정과 에너지를 뿜어라.

Rule #8 당신의 승객들을 사랑하라.

Rule #9 목표를 갖고 운전하라.

Rule #10 버스에 타고 있는 동안 즐겨라.

01

펑크가 나버린 자동차 바퀴

인생에서는 뜻하지 않은 일이 결정적인 계기가
되어주기도 한다. 그러나 돌이켜보면 그 모든 것 또한,
나를 위해 준비되어 있었던 것인지 모른다.

월요일 아침.

조지는 월요일이 끔찍이도 싫다. 그는 집 앞에 세워둔 차를 쳐다보며 고개를 절레절레 흔들었다. 어젯밤까지만 해도 멀쩡했던 차의 바퀴가 처절하게 주저앉아 있었다. 사실, 새삼 놀랄 일도 아니었다. 요 몇 년간 불행이 마치 시커먼 먹구름 떼처럼 조지의 인생 주변을 맴돌며 그를 괴롭혔으니, 오늘이라고 다를 바가 있겠는가? 펑크가 난 채 주저앉아 있는 자동차 바퀴를 바라보는 조지의 얼굴은 짜증으로 폭발하기 직전이었다.

"제길, 왜 하필 오늘이야!"

트렁크에서 스페어타이어를 뒤져봤지만 그것 역시 펑크 난 상태다. 아내가 잔소리처럼 했던 말이 귓가를 맴돌았다. "여보, 그

타이어 좀 빨리 고쳐놔요. 나중에 급할 때 어쩌려고 그래요?"

'얄밉게도 집사람이 하는 말은 늘 옳단 말이야.'

조지는 퍼뜩 이웃집의 데이브를 떠올리고는 그가 벌써 출근했는지 알아보러 서둘러 뛰어갔다. 데이브네 회사도 조지의 직장에서 그리 멀지 않으니, 그 차라도 얻어 탈 수 있을까 하는 생각에서였다. '팀원들과 중요한 미팅을 잡아놓아서, 오늘 같은 날 지각하면 낭팬데. 하필, 왜 하필 오늘이야!'

조지는 머릿속으로 중얼거리며 데이브의 차가 아직 있는지 살폈다. '그럼 그렇지.' 데이브의 차가 벌써 집 앞에서 사라진 걸 보고 조지는 부르쥔 주먹을 허공에 내질렀다. '에잇, 기대한 내가 잘못이지.'

조지는 다시 서둘러 집으로 돌아왔다. 이마에서는 땀이 줄줄 흘렀다. 그는 휴대전화 번호부를 뒤지며 누군가 부를 만한 직장사람이 있는지 뇌까려봤다. '누가 있을까, 누가….' 하지만 아무리 생각해도 차를 몰고 이 시 외곽까지 그를 데리러 와줄 만한 사람이 한 명도 떠오르지 않았다. 결국 아내의 차를 빌리는 수밖에.

집 안으로 들어가자 하루를 시작하느라 부산을 떠는 가족들의 소리가 왁자지껄 들려왔다. 강아지는 뛰어다니지, 애들 아침 먹여 학교 보내려고 아내의 고함소리는 쩌렁쩌렁 울리지, 한마디로 난리법석이었다. 조지는 그 틈바구니에 끼어들지 않으려고 아내의 목소리가 들려오는 쪽으로 살금살금 발길을 옮겼다.

"아빠, 아빠다!"

딸아이가 어느 틈엔가 달려와 조지의 허벅지에 양팔을 두르며 "아빠, 안아줘." 하고 덤벼든다. 조지는 딸아이의 눈길을 피했다. 이번엔 아들도 달려왔다. "아빠, 빨리 농구하러 가요!"

'이런 사태를 피하려고 지렁이처럼 기어들어왔는데…', 조지는 속으로 중얼거리며, 여지없이 파파라치에게 들킨 연예인마냥 눈살을 찌푸렸다. 가족들은 늘 조지와 함께 시간을 보내고 싶어 하고 원하는 것도 많았지만, 조지는 집에서라도 간섭 받지 않고 되도록 혼자 있고 싶어 했다.

"안 돼! 농구는 주말에나 하는 거지. 아빠 지금 출근해야 하는 거 안 보여!" 조지는 버럭 소리를 질렀다. 그리고 아내를 향해 SOS를 보냈다. "여보, 이리 와 애들 좀 데리고 가! 젠장 자동차 바퀴가 터졌단 말이야. 오늘 진짜 중요한 미팅이 있는데, 당신 차 좀 빌려줘." 다급해서 어쩔 줄 모르는 목소리였다.

"그러게 스페어타이어 미리 점검해두라고 했잖아요?" 아내의 새된 목소리가 이어진다. "당신만 바쁜 줄 알아요? 나도 애들 학교 데려다주고 치과에도 들렀다가 새미 동물병원에도 데리고 가야 한다고요. 그리고 오후엔 학부모회의에도 가야 하구요. 집안에서 당신만 제일 중요한 사람인 것처럼 굴지 말아요. 잡다한 집안일 신경 써야 하는 건 나예요. 당신이 다 처리해줄 거면 차 가지고 가든가요." 아내는 조지의 공격을 더 강한 되받아치기로 막아내는 데 도가 터 있었다.

"아니, 밥 벌어 먹이는 가장이 하는 일보다 중요한 게 어디 있다고 그래?" 조지와 아내가 옥신각신하는 동안, 5개월 된 강아지 새미가 주위를 뛰어다니며 컹컹 짖어대는 통에 정신이 다 빠져나갈 지경이다. 조지는 개 목걸이를 와락 움켜쥐고는 거실 구석에 있는 개 방석 위에 새미를 털썩 던져놓았다.

"대체, 이놈의 개는 왜 기르는 거야? 귀찮게 개새끼까지 왜 이래!"

"애들 앞에서, 말 한번 잘하네요."

아내의 말이 끝나기가 무섭게 딸아이가 울음을 터뜨린다.

"아빠는 새미가 싫은가 봐, 으앙~."

"애까지 울리고 정말…. 나한테 아무리 얘기해봐야 소용없으니까 저기 정류장에 가서 11번 간선버스를 타고 가요. 막히지 않으니까 오히려 그게 더 빠를지도 몰라요. 7시 반에 오니까 서둘러요." 아내가 절충안을 내놓았다.

'뭐? 버스? 차를 두 대나 놔두고 구차하게 버스라니. 에이 참, 더러워서…. 할 수 없지, 오늘만 내가 참자.' 조지는 속으로 투덜거리며 서둘러 가방을 챙겨들고 집을 빠져나와 부리나케 정류장으로 향했다. 그가 숨을 헐떡이며 정류장에 도착함과 거의 동시에 11번 버스가 와 멈춰 섰다. '어이쿠, 조금만 늦었어도 놓칠 뻔했네.'

조지는 숨을 고르며 버스에 올랐다.

“안녕하세요? 행복한 아침입니다!”

버스에 오르자 얼굴 가득 환한 미소를 머금은 여자 운전사가 큰 소리로 인사를 건넸다. 연배가 꽤 돼 보였다.

‘뭐가 행복하다는 거야? 가뜩이나 일진이 안 좋은데….’ 조지는 속으로 투덜대며 빈 자리를 찾아 앉았다.

운전사는 조지가 자리로 걸어가는 내내, 그리고 자리에 앉은 다음에도 룸미러로 줄곧 그를 지켜보았다. 조지는 자신에게 꽂히는 운전사의 시선이 거북하게 느껴졌다. ‘왜 저렇게 쳐다보는 거야? 요금도 제대로 냈는데.’ 조지는 거울에 비치는 운전사의 웃는 모습을 보며 속으로 어처구니없다고 생각했다. ‘아니, 왜 저렇게 계속 실실대는 거야? 월요일 아침부터 뭐가 그렇게 좋다고.’

“손님, 어디까지 가십니까?” 운전사가 큰소리로 물었다.

“저 말입니까?” 조지는 자기 자신을 가리키며 되물었다.

“네, 손님. 제 버스를 타는 분들은 대부분 제가 아는데, 손님은 처음 뵙는 것 같아서요.”

“메인로드에 있는 NRG까지요.” 조지가 마지못해 대답했다.

“아하! 큰 전구가 전광판처럼 세워져 있는 그 예쁜 건물 말씀이시군요?” 그녀가 반갑게 되물었다.

“네, 뭐 조그만 전구회사죠.”

'그만 좀 물어보지, 창피하게시리. 신문이라도 있다면 읽는 척 하고 얼굴이라도 가렸을 텐데.' 조지는 차 안의 눈과 귀들이 모두 자신을 향해 있는 게 민망하고 싫었다.

"자, 오늘은 어떻게 제 버스를 타시는 행운을 누리게 되셨나요?"

'행운은 무슨…. 운이 안 좋은 거지.' 속으로 이렇게 생각하는 조지의 표정은 여전히 딱딱하게 굳어 있었다. "자동차가 퍼져서 어쩔 수 없었죠. 평상시에는 버스 안 탑니다."

"오, 그러셨군요! 그럼 가실 때까지 편안히 계세요. 버스도 그리 나쁘진 않을 거예요. 게다가 이 버스는 그냥 평범한 버스가 아니랍니다. 즐거운 출근길이 되실 거예요. 저는 조이라고 합니다만, 선생님 성함은 어떻게 되시나요?"

조지는 들릴 듯 말 듯 자기 이름을 웅얼거렸다. '제발 그냥 조용히 좀 내버려뒀으면…,' 오직 그 생각뿐이었다. 조지는 말수도 적었지만 여간해서 잘 흥분하는 스타일도 아니었다. 기분 좋은 날에도 웃고 떠드는 일이 별로 없는데, 생전 처음 타는 버스의 운전사와 수다를 떠는 게 익숙할 리 없었다. '조이(Joy)'라는 저 운전사는 자기 이름마냥 뭐가 그리 기쁜지 연신 싱글대지만, 조지는 사실 자기 인생에서 이제 더 이상 그리 즐거울 일도 기뻐 날뛸 일도 없다고 느끼고 있었다. 행복하다고 느꼈던 것은 먼 과거의 일일 뿐이었다.

조지는 생각했다. '저 여자한테 뭐 그리 근심걱정이 있겠어. 나처럼 팀원들이 속 썩이는 것도 아니고, 골치 아픈 일처리를 해야 하는 것도 아니고. 그저 버스나 몰면서 미소만 날리면 되니까. 나에 대해서 시시콜콜 알지도 못하면서. 날마다 얼마나 스트레스를 받는지, 직장에서나 집에서나 얼마나 무거운 책임을 지고 살아가야 하는지. 와이프랑 애들, 직장 상사랑 동료들, 실적, 마감일, 주택대출금, 자동차 할부금, 암으로 투병 중인 어머니…. 내가 얼마나 지쳐 있는지 알 리가 없어.'

하지만 조이는 알고 있었다. 지친 몸과 마음을 이끌고 매일 버스에 타고 내리는 사람들, 그녀는 그들을 얼핏 보기만 해도 금세 알아챌 수 있었다. 옷차림과 스타일도 다르고, 나이나 성별, 또 직업 또한 천차만별이었지만, 조이는 그들로부터 한 가지 공통점을 포착할 수 있었다. '생명 없음.'

터벅터벅 간신히 떼어놓는 무거운 발걸음. 마치 그들 안에 있던 어떤 불빛이 꺼져버린 듯했다. 그 불빛은 가끔씩 기운을 내 희미하게 깜빡이기도 하지만, 대부분은 전원이 꺼진 채 죽어 있었다. 그래서 조이는 그들을 '암흑인간'이라고 불렀다. 좀비처럼 걸어 다니며 그저 하루하루를 견뎌내는 사람들. 목표도 없고, 삶의 의욕도 없고, 에너지는 더더군다나 눈곱만큼도 없다. 무미건조하고 힘겨운 일상이 그것들을 모두 빨아 삼킨 듯했다.

그녀는 숱하게 보아왔다. 꿈꾸기를 진작 포기해버린 사람들, 낮에는 직장 일로 밤에는 집안일로 시달리는 사람들. 그리고 매일 그들의 불평불만을 들었다. 너무나 많은 사람들이 과도한 스트레스와 과도한 피로와 과도한 업무에 짓눌려 있었다.

"조지 씨, 알다시피 당신이 이 버스를 타게 된 데는 다 이유가 있어요." 조이는 강하면서도 부드러운 어투로 말을 건넸다. "모두들 그랬죠."

"난 타이어가 펑크 나서 우연히 탔을 뿐인데요?" 조지가 퉁명스럽게 대꾸했다.

"물론 그렇게 볼 수도 있어요. 하지만 얼마든지 다른 그림을 볼 수도 있죠. 모든 일에는 다 이유가 있답니다. 우리가 만나는 사람, 우리가 겪는 일들, 타이어가 펑크 나는 것, 모두 다 그렇죠. 단지 그 모든 것들을 '그냥 그런가보다' 하고 지나칠 건지, 아니면 '왜 내게 그런 일들이 일어난 걸까' 그 까닭을 깊이 생각해보고 그것으로부터 무언가를 배울 건지를 선택하는 건 우리들 각자의 몫이지요. 《갈매기의 꿈》을 쓴 리처드 바크가 그랬던가요? '그 어떤 문젯거리도 당신에게 줄 선물을 함께 들고 오게 마련'이라고. 우리에게 일어나는 모든 일들…, 그걸 선물로 볼지 저주로 볼지는 우리의 선택이랍니다. 자신의 인생도 마찬가지지요. 행복이 넘치는 성공 스토리로 만들지, 3류 신파 드라마로 만들지는 사실 스스로가 선택하는 것이지요. 저도 TV 연속극을 좋아하긴 합니다만, 제 주변의 사람들이 그런 삶을 살기를 바라진 않아요. 죄송합니다만 오늘 표정을 보니, 조지 씨도 그리 올바른 선택을 하고 계신 것 같지는 않군요. 부디 현명한 선택을 하시길 바랍니다. 현명하게…."

조이의 말이 끝나갈 무렵 조지가 내릴 정류장에 버스가 멈춰 섰다. 조지는 마치 누가 쫓아오기라도 하듯 서둘러 버스에서 내렸다. 한 마디 인사도 없이. 그러나 회사로 향하는 그의 발길엔 '현명한 선택', '3류 신파 드라마 같은 인생'이라는 단어가 그림자처럼 계속 따라붙었다.

'나 참, 자기가 뭐라고… 에잇, 알 게 뭐야.' 조지는 머리를 세차게 흔들며 그 말들을 애써 털어냈다. 다행히 미팅 시간은 아직 10여 분이나 남아 있었다 .

02

좋은 소식과 나쁜 소식

당신에게 보이는 진실은 무엇인가?
'세상이 온통 한통속이 돼서 나를 괴롭히지 못해 안달이야!'
혹은 '이렇게 스릴 있는 세상은 참 살 만한 곳이야!'

그날 저녁, 조지는 자동차 정비소에서 타이어 교체가 끝나기를 기다리고 있었다. 까짓것 한 10분이면 될 줄 알았는데, 생각보다 오래 걸려서 답답해 죽을 지경이었다. 누구나 그렇듯 이런 시간이면 어김없이 초조함과 울화증이 밀려왔다. 극장 매표소 앞에서 줄을 설 때나, 꽉 막힌 도로 위 차 안에서 발을 동동 구르는 순간, 슈퍼마켓 계산대 앞에서 다른 사람의 차례가 끝나기를 기다릴 때도 비슷한 느낌이 들곤 했다. 더군다나 조지는 줄을 고르는 운이 없었다. 금세 계산이 끝날 것 같아 그 줄을 고르면 꼭 가격표를 붙이지 않은 상품 때문에 점원이 뛰어가 확인을 하고 실랑이가 벌어져 매니저까지 나와 법석을 벌이는 일이 비일비재하게 일어났다. 마치 온 세상이 한통속이 되어 그를 괴롭히는 것 같았다.

'도대체 얼마나 더 기다려야 하는 거야?' 조지는 한숨을 푹푹 내쉬었다. 마침내, 정비사가 씩씩한 걸음으로 카운터로 나왔다.

"손님, 좋은 소식과 나쁜 소식이 있습니다. 어느 쪽을 먼저 듣고 싶으신가요? 하하, 물론 좋은 소식 쪽이 낫겠죠?"

"네? 좋은 소식이라뇨? 펑크 난 타이어가 뭐 요술이라도 부렸답니까?"

"네. 그래서 좋은 소식이란 겁니다. 펑크가 안 났더라면 큰일 날 뻔했어요. 저 모델, 자동차 회사에서 리콜 통보가 있었을 텐데 못 받으셨나요?"

"네?"

"브레이크 계통에 결함이 있어서 대대적인 리콜을 했었답니다. 설마 해서 들여다봤는데 조금만 더 몰았어도 아주 큰 사고가 났을지도 모릅니다."

조지는 광고 우편물인 줄 알고 쓰레기통에 던져버렸던 자동차 회사의 안내문을 퍼뜩 떠올렸다. 회사 일 때문에 스트레스가 많았던 날이라, 차근차근 들여다볼 여유가 없었다.

"그래서…, 나쁜 뉴스가 이어집니다. 자동차 회사에 주문해서 결함이 보완된 부품을 가져오려면 족히 2주는 걸릴 겁니다. 당분간 차는 여기 두셔야겠네요. 부품이 오는 대로 고쳐놓겠습니다."

"아, 그래요…. 거참."

그 순간 조지는 정비사가 들려주었던 좋은 소식, '어찌 보면 생명의 은인과도 같은 타이어 펑크 사건의 의미'에 대해서는 씻은 듯이 잊었다. 그의 머릿속에 남은 것이라고는 '앞으로 2주 동안 차를 정비소에 맡겨야 한다는 것'과 '그 기간 동안 아내와 아침마다 실랑이를 하거나 잔소리꾼 운전사가 모는 버스를 타고 출퇴근을 해야 한다는 것', 그런 짜증나는 나쁜 소식뿐이었다.

안 그래도 괴로운 인생에 괴로운 일이 또 한 가지 늘어난 것이다.

03

걸어서 집으로 돌아가다

견디기 힘든 시련에 세상에 혼자 남겨진 듯 고독해질 때,
그런 때…. 당신은 무엇을 떠올리는가?

조지는 아내한테 정비소까지 데리러 와달라고 할까 하다가, 걸어서 집까지 가기로 마음을 바꿔 먹었다. 정비소에서 집까지의 거리는 3킬로미터 남짓. 요 몇 년간 그렇게 긴 거리를 걸어본 적은 없었던 것 같다. 하지만 지금 기분 같아서는 걸어서라도 도망칠 곳이 있다면 어디로든 가고 싶은 심정이었다.

어젯밤, 아내와 한바탕했다. '가뜩이나 냉전기류가 흐르는 상황에서 2주 동안이나 차를 내달라고 말할 수도 없고, 어쩐다? 도대체 왜 나한텐 만날 이런 일만 생기는 거야.' 조지는 속으로 투덜거렸다.

그의 인생은 모든 면에서 한계상황에 다다라 있었다. 심한 말다툼 끝에, 아내는 최후통첩을 해왔다. 그녀는 결혼생활이 지긋지긋

한 의무감의 연속일 뿐, 하나도 행복하지 않다고 했다. 그리고 그 불행에 가장 크게 일조하는 사람이 바로 남편인 조지라고 했다. 아내뿐 아니라 가족 전체가 매사에 부정적이고 가족에게는 손톱만큼도 배려가 없는 조지 때문에 너무나 힘들어하고 있다고 했다. 앞으로도 변함없이 그 생활이 계속될 거라면 아예 더 험한 꼴 보기 전에 끝내자는 것이었다.

아내와 처음 다툰 것도 아니고 부정적이라는 불평을 들은 것도 처음이 아니었지만, 이번엔 정말 심각했다. 아내는 조지를 사랑하기는 하지만 더 이상 미움과 원망 속에서 나쁜 기억만 쌓아 가느니, 차라리 사랑에 빠지게 했던 그 옛날의 조지에 대한 기억만을 안은 채 정리하고 싶다고 했다.

조지는 사랑하는 아내를 잃고 싶지 않았다. 사랑하는 그녀의 인생을 비참하게 만들고 싶지도 않았다. 하지만 자신도 스스로를 어찌할 수 없었다. 조지는 어젯밤 처절한 무기력감을 느끼며, 아내 앞에 처음으로 무릎을 꿇었다. 어느 샌가부터 그의 삶은 꼬리 잘린 연처럼 방향을 잃은 채 헤매고 있었지만, 어디서부터 봉합을 해나가야 할지 도무지 감을 잡을 수 없었다.

그는 이제까지 문제가 생겨도 제법 꿋꿋이 헤쳐 나갔고, 특히 자신의 결혼생활과 가족관계는 공고한 성처럼 무너질 리 없다고 믿었다. 이제까지 이처럼 철저한 무력감을 느껴본 적이 없었다. 마치 자기 아닌 다른 누군가가 자기 삶을 대신 살고 있고, 자신은 그걸 어쩌지도 못한 채 지켜보고만 있는 기분이었다. 답답하고 무거운 마음으로 잠이 들었건만, 아니나 다를까 아침에 일어나 보니 약속이나 한 듯 자동차 타이어가 펑크 나 있었던 것이다.

발걸음을 옮기며 조지는 아침에 보았던 두 아이의 원망 섞인 얼굴을 떠올렸다. 아이들은 그가 살아가는 힘이었다. 남부럽지 않게 해주고 싶은 마음에 그 애들을 위해서라면 어떤 희생도 감내했던 조지였다. 명문학교에 보내려고 연봉의 상당액을 교육비에 쏟아부었고, 남들보다 두 배는 더 열심히 일해야 한다는 생각에 스스로를 채찍질했다. 그런데도 그는 집에서 낙제점을 받는 아빠다. 남들이 보기에는 번듯한 집에 사는 유복한 가정으로 보였지만, 정작 조지의 가정은 삐걱거리고 있었던 것이다.

게다가 직장에서까지 조지의 형편은 썩 좋지 못한 상황이었다. 지난 분기 실적 평가에서 그의 팀은 바닥을 기었다. 이번 분기에 회복을 하지 못한다면, 팀장으로서 조지의 목도 온전할 리 없다. 그러나 끝 간 데 없이 가라앉은 팀의 사기를 회복시킬 묘책이 그에게는 없었다. 이대로라면 언제 직장에서 떨려날지도 모르는 상황이었다.

조지는 무거운 발걸음을 옮기며 자신을 짓누르고 있는 모든 상황에 대해 곰곰이 생각했다. 불만이 가득한 가족들, 최후의 카드를 내민 아내, 칼날 위에 놓인 듯 불안하기 짝이 없는 팀…. 이번 자동차 타이어 사건은 이 모든 짐 더미에 압사당하기 직전인 조지의 등 위에 바늘 하나를 툭 떨어뜨린 형국과도 같았다.

'더 이상은 버틸 수가 없어. 나, 너무 힘들어!'

조지는 하늘을 보며 버럭 소리라도 지르고 싶었다.

'도대체 내 인생이 왜 이렇게 된 거야! 하고 싶은 게 그토록 많았던 내가, 할 수 있는 재능도 충천했던 내가…. 회사에서도 앞날이 기대되는 촉망 받는 인재였는데…. 내가 얼마나 열심히 일했는데, 도대체 나한테 다들 왜 이러는 거야. 이젠 더 이상 이 모든 걸 끌고 갈 힘이 내겐 없어. 더 이상 견딜 수가 없단 말이야!'

그는 금방이라도 고개를 끄덕여줄 것만 같은 둥근 달을 향해 마음속으로 포효했다. '제발, 제발 누가 나 좀 도와줘~! 제발!'

사위는 고요했고 귀에 들리는 것은 자신의 숨소리뿐이었다.

그는 무언가를 기다리고 있었다.

어떤 말, 어떤 소리, 어떤 강렬한 빛…. 뭔지는 모르지만, 그는 무언가를 기다리고 있었다.

04

조지, 깨어나다

압박해오는 현실, 암담한 미래, 꼬여버린 운동화 끈.
그걸 풀 사람은 우리 자신뿐이다.

화요일 아침.

늘 그렇듯이, 조지는 피곤하고 스트레스로 묵직해진 상태로 아침을 맞았다. 하루를 시작할 때마다 '오늘은 또 어떤 문제가 터져서 나를 골 아프게 할까' 하고 고민하는 그였지만, 최소한 한 가지 문제만은 걱정하지 않아도 될 터였다. 차가 고장 날 일은 없을 테니까.

"회사에 어떻게 가려고요? 오늘은 차 빌려줘도 될 거 같은데." 아내가 조심스레 물었다.

"아냐, 버스도 탈 만하던데 뭘. 운전사가 좀 이상해서 그렇지."

"운전사가 왜요?"

"말하자면 길어, 나중에."

아내는 별일이라는 듯, 현관문을 나서는 조지를 흘끗 쳐다봤다.

버스정류장까지 걸어갈 결심에 운동화를 꺼내든 조지는 다시 한 번 망연자실해졌다. 오랫동안 안 신고 처박아둔 운동화 끈이 엉망으로 엉켜 있었던 것이다. 온갖 모양의 매듭으로 두세 번씩 꼬여 있는 게 아마도 아이들이 또 장난을 쳐놓은 모양이다. 낑낑대며 한참을 운동화 끈과 씨름하는데 불현듯 그 버스 운전사의 말이 떠올랐다. "현명하게 선택하세요, 현명하게…."

'쳇, 누구더러 이래라저래라 하는 거야, 나 원 참!' 조지는 고개를 저었다. 오늘도 사사건건 간섭해댈 게 뻔하다. '현명한 선택', '3류 드라마 같은 삶' 운운하면서. 순간 기분이 불쾌해진 조지는 운동화를 벽에다 휙 집어던졌다. 그리고 한참을 그렇게 씩씩대며 주저앉아 있었다.

그러다가 문득 조지는 현관 거울에 비친 자신의 모습을 물끄러미 바라보았다. 그때였다. 엉킨 매듭이 풀리듯 스르르, 깊은 내면에서 또 다른 자신의 목소리가 들려왔다.

'조지, 바로 네가 지금 한심스럽기 짝이 없는 3류 신파 드라마 속 인생 아니야? 결혼생활은 위태위태하고 직장에선 언제 잘릴지 모르는 터에, 차까지 고장 나서 뚜벅이 신세에다 운동화 끈 하나한테도 태클을 당하는 비참한 너….' 그랬다. '아니'라고 반박할 자신이 없었다. 집에서나 직장에서나 그의 삶은 좌초되기 일보직전이었다.

가장 큰 지원자이자 멘토였던 상사마저 어제 최후통첩을 했다.

"이젠 더 이상 자네 바람막이가 돼줄 수 없네."

"저도 짐이 되고 싶은 생각은 없습니다."

"하지만 알게 모르게 그동안 내가 자네 뒤를 많이 봐줬네. 그런데 이제 그것도 쉽지 않아. 다들 자네한테 무슨 일이라도 생긴 거 아니냐고 물을 때마다, 조금만 시간을 주면 잘 알아서 할 거라고 내가 무마시켰네. 하지만 이젠 자네나 자네 팀의 실적이 나한테까지도 큰 짐이 되고 있는 상황이야. 내, 자네를 아끼기는 하지만 이대로 좌시할 순 없네."

"무슨 말씀이신지 잘 압니다만…." 조지는 힘없이 대답했다.

"두고 보겠네. 선수는 입이 아니라 경기결과로 말하는 거야. 조만간 행동으로 보여주길 바라네. 여기서 더 나빠지면 어떻게 될지 자네나 나나 잘 알고 있지 않은가?"

조지는 '자기 자신 = 해고'라는 등식이 성립될 날이 오리라고 꿈에도 생각해본 적이 없었다. 그런데 이제 그 등식이 서서히 현실을 압박해오고 있었다.

'어떻게든 방법을 찾아야 해. 하지만 어디서부터 뭘 어떻게 해야 하지? 정말이지 아무것도 모르겠어.'

05

조이가 없는 버스

당신 안의 '열정'이라는 심장박동은 지금도 계속 신호를 보낸다.
당신이 알아차려주기를 기다리며, 뚜뚜…뚜뚜…뚜뚜….

버스정류장으로 향하는 도중, 조지의 머릿속에 운전사 조이의 밝은 미소가 퍼뜩 떠올랐다.

'그래 뭐, 나쁜 사람 같지는 않았어.'

하지만 아직도 마음속에선 두 명의 조지가 갈등하고 있었다.

'그래도 그렇지, 언제 봤다고 나한테 이러쿵저러쿵 잔소리를 해대는 거야. 자기가 뭐라고…. 나더러 3류 드라마 같은 인생을 살지 말라고? 상사한테 마누라한테 귀에 딱지가 앉도록 한소리 들은 것도 모자라서, 이젠 버스 운전사까지 나한테 감 놔라 배 놔라 해? 이러다 우편배달부까지도 한마디 거드는 거 아냐?'

버스정류장에 도착한 조지는 11번 버스가 오기를 기다렸다. 그런데 이상한 일이었다. 은근히 '그 조이라는 운전사가 오늘은 또 무슨 말을 할까'가 기대 되는 것은 왜일까?

버스에 오른 그는 슬쩍 운전석부터 돌아보았다. 그런데 웬일인지 조이의 모습이 보이질 않았다. 대신에 인사성도 없고 무뚝뚝하기 짝이 없는 웬 남자가 운전대를 잡고 있었다.

'왜 안 나온 걸까?' 조지는 그녀에게 퉁명스럽게 굴었던 게 왠지 마음에 걸렸다. '따지고 보면 손님에게 친절하게 대하려던 것뿐인데…. 내 인생이 삐걱거리는 게 그 사람 탓도 아닌데….'

조지는 가는 내내 창밖만 바라보며 말없이 앉아 있었다. 버스 안에는 대화도, 웃음소리도, 활기도 없었다.

그는 어제 팀원들과 가졌던 미팅을 떠올렸다. 조지 자신도 변화의 필요성을 뼈저리게 느끼고 있었고, 실마리만 찾아낸다면 뭐든 할 준비가 돼 있었다. 하지만 의욕적으로 준비해간 미팅 역시 별 소득은 없었다. 팀원들은 여전히 예의 의욕 없는 침묵으로 일관했고, 조지 혼자 북 치고 장구 치고 해봤지만 회의 분위기는 조금도 나아지지 않았다.

'뭔가 특단의 조치가 필요해.' 조지는 다시 자신을 추슬렀다.

06

10개의 룰

공격하고 있는 동안에는, 내 골대에서의 실점을
염려할 이유가 없다. 당신이 머리 아픈 건,
머리가 아프다는 데 집중하기 때문이다.

수요일 아침.

조지는 일찌감치 버스정류장에 도착해 벤치에 앉아 어제 일을 복기하고 있었다.

그는 어떻게든 팀이 제대로 된 방향을 잡아가도록 애썼지만, 이번에도 팀원들은 현안 문제에 대한 대안이나 근본적인 대책을 도출하기보다 서로 책임을 전가하고 논쟁을 벌이느라 시간을 허비했다. 일 진행도 그랬다. 하나가 좀 제대로 하나 싶으면 다른 팀원이 문제를 일으킨다. 더 나은 실적은커녕 터지는 문제를 수습하느라 시간을 허비해야 했다. 모두가 문제투성이다. 마음 같아서는 전부 잘라버렸으면 좋겠다.

그렇게 하면 속이 시원하겠지만, 현실은 그렇지 못했다. '잘려도 내가 먼저 잘리겠지.' 조지는 쓴웃음을 지었다. 따지고 보면 팀원들이 처음부터 그렇게 형편없었던 것은 아니었다. 그들 중 몇 명은 조지가 직접 다른 팀에서 차출해온 우수 인재였다.

'그 친구들도 나랑 똑같이 길을 잃은 거야. 딱히 뭐가 원인인지 모르겠지만 뭔가 단단히 잘못돼가고 있는 내 결혼생활처럼….'

하도 깊이 생각에 잠기는 바람에, 조지는 버스가 도착한 줄도 몰랐다. 문득 고개를 들어보니 환하게 웃고 있는 조이의 얼굴이 보였다. 그 표정을 보면서 조지의 얼굴에도 어느새 미소가 떠올랐다.

"아니~! 이게 누구예요? 안녕하세요? 다시는 못 볼 줄 알았어요!"

"저도 못 뵐 줄 알았는데요." 조지의 목소리에는 가벼운 반가움이 섞여 있었다. "어제도 같은 시간에 버스를 탔는데, 안 보이시더군요. 무슨 일이 있었나요?" 조지는 조이의 근황까지 묻고 있는 자신이 이상하게 느껴졌다.

"그게, 제가 매주 화요일엔 일을 쉰답니다. 아버지가 편찮으셔서 요양원에 계신데, 화요일은 제가 하루 종일 아버지를 돌봐드리는 날이거든요. 알츠하이머 때문에 아버진 거의 아무것도 기억하지 못하세요. 정말 정정하고 자상한 분이셨는데, 이젠 당신 이름조차 잊으셨죠. 매주 뵙는데도 딸인 저도 못 알아보신답니다." 조이의 눈가가 촉촉히 젖어 들었다.

"정말 유감이에요."

의외였다. 늘 활짝 웃고만 있어서 아무 걱정이라곤 없는 사람인 줄 알았는데…. 참, 겉만 봐서 판단할 노릇이 아니라고 조지는 생각했다.

"걱정하지 말아요, 조지. 그게 다 인생인 걸요 뭐. 참, 그냥 조지라고 불러도 괜찮죠? 여기 이 버스에 타는 사람 중에 문제 하나 없는 사람이 어디 있겠어요? 부부 사이가 안 좋거나 건강 때문에, 직장 때문에 힘든 일이 한 가지씩은 다 있게 마련이죠. 인생이란 게 원래 그런 거 아니겠어요. 나도 나 나름의 문제를 갖고 있는 것뿐이에요."

"그런데도 당신은 참 즐겁고 행복해 보여요. 어떻게 그럴 수 있죠?" 조지가 되물었다.

조이의 얼굴이 환한 미소로 반짝반짝 빛났다. "그건 내가 그렇다고 믿기 때문이에요. 난 내 인생이 예뻐 죽겠어요. 나는 나를 사랑해요. 당신도 사랑하고요. 당신을 사랑할 수 없다면 나 자신도 사랑할 수 없을 거예요. 우리는 모두 연결돼 있으니까요. 그래서 난 세상 모든 사람을 사랑해요. 때론 그러기 힘든 사람들까지도요."

'나 같은 사람 말이군….' 조지는 생각했다.

"그래요, 당신 같은 사람도요." 조이는 마치 조지의 머릿속을 읽은 듯 말했다. 그리고 말을 이었다.

"그건 그렇고, 웬일로 또 제 버스에 탈 생각을 했어요? 그저께 버스에서 내릴 때는 금메달리스트 칼 루이스보다 더 빠르게 도망치던데, 그래서 다시는 안 탈 줄 알았어요. 그동안 무슨 일이 있었던 거죠? 궁금해 죽겠네."

조지는 타이어 때문에 정비소에 들렀다가 브레이크의 심각한 결함을 발견한 얘기, 차를 계속 몰았더라면 큰 사고가 날 뻔했다는 얘기를 들려주며, 앞으로 2주 동안은 꼼짝없이 버스로 통근해야 한다고 말했다.

"정말 잘됐어요! 당신이 내 버스에 타게 된 게 분명 무언가 특별한 인연이 있어서라고 생각했는데, 이제야 그게 뭔지 알겠군요."

조지는 그녀의 말이 선뜻 이해되지 않았다. "차를 2주 동안이나 정비소에 맡겨야 한다는데 뭐가 그렇게 좋습니까?"

조이가 장난스레 너스레를 떨었다. "조지, 이제 당신한테 좀 강하게 나가도 되겠죠? 당신 머리는 참 깨뜨리기 힘든 호두알 같네요. 안 잡아먹을 테니 염려 말아요. 저기 룸미러 오른쪽에 뭐라고 써 있는지 보여요?"

조지는 고개를 쭉 빼고 글씨가 씌어 있는 게시판을 바라봤다. 이제까지 그런 게시판이 있는 줄도 몰랐다. "글쎄요, 무슨 무슨 '룰'이라고 적힌 것 같은데…."

"그래요, 그걸 잘 들여다봐요. 그리고 크게 한번 읽어봐요."

"음…. 행복…한 인생…을 위한 10…가지 룰…? 아래 글씨는 너무 작아서 잘 안 보여요." 조지는 이렇듯 고분고분한 자신이 신기하게 느껴졌지만, 뭔가 강한 힘에 이끌리듯 그녀의 말을 따랐다.

"그래요, 조지. 이 버스에 탄 승객이라면 누구나 저 10가지 룰을 배운답니다. 이제 당신 차례군요. 생각만 해도 벌써 신나는걸요! 당신이 버스를 탈 날도 열흘쯤 남았고, 내가 알려줄 룰도 10가지라니, 우연의 일치라고 하기엔 너무 대단한데요."

조지는 왠지 어색한 기분이 들어 자세를 고쳐 앉았다. "제 인생에서 룰은 지금 것만으로도 충분해요. 회사에서의 룰, 아내와 약속한 룰, 집 안에서 지켜야 하는 룰, 아이들과의 룰…, 룰이라면 지겹습니다."

순간, 조이의 표정이 굳어졌다. 그러고는 환한 미소를 짓던 그 얼굴이라고 믿어지지 않을 정도로 강렬하고 확고한 의지를 담은 눈빛으로 조지를 똑바로 응시했다.

"조지, 이 룰은 당신에게 꼭 필요한 것이에요." 그녀의 목소리는 단호했다. "당신의 인생을 완전히 바꿔줄 기회로부터 등을 돌리지 말아요. 당신이 마음만 열어준다면 앞으로 열흘 동안 놀라운 일이 벌어질 거예요. 제발, 마음을 열어요."

조이의 얼굴이 다시 환한 미소로 밝아졌다. "함께…, 할 거죠?" 'No'라는 대답은 끼어들 틈이 없는, 침착하면서도 힘 있는 어조였다.

"네? 아~ 네…. 뭐 그, 그러죠." 그렇게 말하는 동안에도, 조지는 자기 입에서 '네'라는 말이 튀어나온 게 믿기지 않았다.

갑자기 귀와 눈을 쫑긋 세우고 있던 버스 안의 승객들 모두가 일제히 '환성'을 질렀다. 버스는 마치 잔칫집으로 향하는 관광버스나 된 듯, 들썩거렸다. 조지는 새삼 버스 안에 여러 명의 다른 승객들이 있었다는 걸 깨닫고 주위를 둘러봤다. 이제야 그들의 모습이 눈에 들어왔다.

"놀라지 말아요, 조지. '에너지 버스'의 새로운 승객이 된 걸 환영해요."

조이는 이 시각 자신의 버스를 타고 통근하는 사람들은 모두 '에너지 버스'의 동승자이며, 자신은 이 버스의 운전사이자 10가지 인생의 룰을 전파하는 '에너지 홍보대사'라고 새삼 자신을 소개했다.

"이 에너지 버스에 탄 사람들은 모두 'YES'라는 긍정적인 말에 매료된 승객들이에요. 새로운 승객이 탑승하면, 그가 '긍정 에너지'로 감염될 때까지 함께 돕는답니다. 그러려면 조지, 당신은 첫 번째 룰에 동의해야 해요. 목적지까지 얼마 남지 않았으니 서두르죠, 우리."

조지는 여전히 어안이 벙벙했지만, 무심코 고개를 끄덕였다. 너무나 순식간에 벌어진 일이라, 심경이 복잡했다. '이거 내가 괴상한 버스에 탄 거 아냐? 그냥 뛰어내릴까?' 그렇게 생각하다가도 한

편으로 그 10가지 룰이라는 게 뭔지 너무나 궁금해졌다.

'에라 모르겠다, 어차피 손해 볼 건 없잖아?' 호기심과 막연함으로 가득한 조지의 머릿속에서 '그를 짓누르던 짐 더미'에 대한 걱정은 이미 사라지고 없었다.

07

당신 버스의 운전사는 당신 자신이다

당신 버스의 핸들은 누가 잡고 있는가?
혹시 당신이 '운명'이라고 믿고 있는 낯선 존재는 아닌가?

"첫 번째 룰은 아~주 간단해요."

조이는 조지의 건너편에 앉아 있는 남자에게 눈길을 보냈다. 말끔한 회계사 같은 느낌과 정신 나간 과학자 같은 느낌을 동시에 주는 사람이었다. 아인슈타인의 제자라고 해도 믿을 것 같았다.

"대니, 조지에게 첫 번째 룰을 보여줘요." 조이가 말했다.

대니는 무릎 위에 놓인 서류가방에서 종이 한 장을 꺼냈다.

Rule #1

당신 버스의 운전사는 당신 자신이다.

조이는 대니에게 '고맙다'고 말하고는 조지에게 잠시 그에 대한 얘기를 들려주었다.

"몇 년 전만 해도 대니 역시 걸어 다니는 좀비였어요. 목표도, 삶에 대한 의욕도 없이 시계추처럼 집과 직장 사이를 왔다 갔다 하는. 그렇게 무감각하게 살던 그를 뇌졸중이라는 망치가 땅! 하고 내려쳤죠."

조이는 말을 이었다.

"그 후로 대니는 달라졌어요. 대니는 나와 함께 10가지 룰을 성실하게 따랐고, 이제는 통근 때마다 에너지 전도사로 우리와 함께 하고 있답니다." 조이의 얼굴에 자랑스러움과 믿음직함이 역력히 묻어나왔다.

조이는 운전석 옆에 있는 물병을 들어 몇 모금 마신 다음, 조지를 향해 말을 건넸다.

"잊지 마세요. '당신 버스의 주인은 바로 당신 자신'이라는 걸요. 이게 제일 중요한 룰이에요. 당신 인생을 스스로 책임지지 않고 그 버스를 당신 뜻대로 조종하지 않는다면, 절대 원하는 목적지로 갈 수 없어요. 당신이 당신 버스의 운전사가 되지 않는다면, 늘 누군가 다른 사람의 여행길에 끼어 탈 수밖에 없어요."

"하지만 다른 사람의 도움이 필요할 때도 있잖아요." 조지가 물었다.

"물론 그 여행길에서 누군가의 조언이나 도움을 받을 수는 있지요. 하지만 어떤 때라도 그것이 당신의 버스이고 당신의 여행이라는 점을 잊어선 안 됩니다. 때로 잠시 다른 사람의 버스를 타야 할 때도 있지만, 어디까지나 우리에게는 각자의 버스가 있어요. 그런데 대부분의 사람들은 한 가지 중대한 실수를 범하고 있지요. 자신의 버스가 어디로 가고 있는지, 어떤 경로로 그 목적지에 도달할 것인지 자기 스스로 결정해야 한다는 사실을 잊는다는 거예요. 마티, 그 통계자료 좀 보여줄래요?"

조이는 룸미러로 버스 뒤쪽에 앉은 스무 살쯤 된 청년을 쳐다보았다. 마티는 폴로셔츠와 카키색 바지를 입은 금발 더벅머리 청년으로, 전형적인 IT마니아의 모습이었다. 마티가 노트북 컴퓨터를 꺼내 타닥타닥 부지런히 자료를 찾는 사이, 조이는 조지에게 마티 얘기를 들려주었다. 마티는 버스 안의 사람들이 인생, 일, 성공 등 다양한 주제를 놓고 대화를 나눌 때면, 자기가 찾은 자료들을 가지고 새로운 시각을 제공해주곤 했다. 그래서 그는 '검색대왕'이라는 별명으로 통했다. 마티는 승객들 모두가 화면을 볼 수 있도록 노트북을 높이 들어올렸다.

사람들이 가장 많이 죽는 시간대
- 월요일 아침 9시

"놀랍지 않아요?" 조이가 물었다. 그 통계자료의 의미를 선뜻 이해하지 못하고 있던 조지는 잠시 생각에 잠겨 있었다.

"월요일 아침 9시. 누구나 활기차게 한 주를 시작해야 할 시간이에요. 그런데, 일터에 나가느니 차라리 죽는 쪽을 선택하다니요. 이 통계가 우습게 들릴지 모르지만, 굉장히 슬픈 일이에요. 사람들은 죽고 싶을 만큼 그토록 자신을 힘들게 하는 무언가로부터 벗어날 선택권이 자기한테 없다고 생각하죠. 그래서 무언가를 해보기도 전에 포기해버린답니다. 하지만 나는 이 자리에서 분명히 말할게요. 당신은 당신의 인생을 선택할 수 있어요. 안 그런가요?"

조지는 선뜻 대답할 수 없었다.

"당신은 인생이 자신을 뒤흔들게 방치해두는 숱한 불행한 영혼들처럼 그렇게 무기력하게 앉아 있을 필요가 없어요. 운전대를 잡고 당신의 인생을 선택하세요. 당신의 생각, 당신의 신념, 당신의 행동을 선택하세요. 당신이 버스의 운전사예요. 그러니 그 버스가 어디로 가야 할지, 그 여행이 어떤 여행이 돼야 할지 직접 결정해야 합니다. 그렇지 않나요?" 조이가 다시금 물었다.

"글쎄요, 모르겠어요." 조지가 자조 섞인 어투로 말을 이었다. "언제나 내가 아닌 주변 사람들이 나 대신 결정권을 차지하고 있는 것 같아요. 내가 내 인생을 사는 것 같지가 않다고요. 정부에서 세금 내라니까 세금 내고, 직장에서는 상사가 주리를 틀어대는 대로 따라야 하고, 집에 오면 마누라가 이래라저래라 하고…. 먹고 살자니 어쩔 수 없는 노릇이죠. 그렇게나 많은 의무와 책임이 저를 옭아매고 있어 옴짝달싹할 수도 없는데, 제가 뭘 선택할 수 있겠어요? 살아 있기는커녕 매일매일 조금씩 죽어가는 기분입니다. 아마 저도 월요일 아침 9시에 죽는 사람들 중 하나가 될 걸요."

"그런 말 말아요. 조지." 조이가 정색을 하며 대답했다. "계속 그렇게 '난 너무 불쌍해~.' 하는 식으로 자신을 몰고 가기 때문에 월요일 아침 사망자 명단에 오르게 되는 겁니다. 이제는 운전대의 방향을 틀어야 해요. 지금까지는 선택권이 없다고 느꼈는지 모르지만, 이제부턴 아닐 걸요. 당신이 얼마나 많은 것들을 '선택'할 수 있는지 알게 된다면, 진짜로 모든 것이 바뀌게 될 거예요. 잘 생각해봐요, 조지. 세상 그 누가 당신이 어떤 '태도'를 가지고 살 것인지 선택해줄 수 있나요? 아무도 없어요. 당신이 어떤 에너지 상태로 살 것인지, 대신 결정해줄 사람도 없고요. 뜬금없이 느껴지겠지만, 지금 당장 한번 웃어보세요."

"……?" 당황한 조지는 굳은 표정을 풀 수가 없었다.

"조지, 난 지금 '부탁'하고 있는 게 아니에요. 그냥 아무 조건 없이 한번 웃어보세요." 조이의 목소리는 사뭇 진지했다.

조지는 조이가 심각해질 땐 때로 꽤 무서워진다는 걸 알기 때문에, 입가에 경련을 일으키며 억지웃음을 지었다. 그런데 비록 억지웃음이었지만 머릿속이 환해지는 것을 느낄 수 있었다.

"봐요, 그저 입 모양만 바꿨는데도 뭔가 다른 에너지가 느껴지지 않나요? 이게 바로 출발점이에요. '미소'라는 작은 겉모양의 변화가 나중에는 당신이 느끼는 감정, 생각하는 방식, 다른 사람과의 관계까지도 변화시킨다는 걸 알게 될 거예요. 명심하세요. 인생이라는 여행을 어떤 에너지로 꽉 채울지는 전적으로 당신에게 달렸어요."

조지의 회사에 거의 다다른 것을 알아차린 조이가 화제를 바꿨다.

"내일은 당신의 버스를 어느 쪽으로 몰고 가고 싶은지, 어디를 향해 달려가고 싶은지, 그 방향을 선택하는 얘기를 할 거예요. 이제 당신은 다른 운전사에게 핸들을 맡긴 상태인 승객석이 아니라, 앞이 훤히 내다보이는 운전석에 앉았어요. 그러니 이제 생각해보세요. 어디로 가고 싶은지."

조지는 허리를 쭉 펴고 창밖을 내다보았다. 멀리 NRG 사의 사옥이 눈에 들어오기 시작했다. '어디… 어디로 가고 싶은가?' 아직 마땅한 대답이 떠오르지 않았다. 하지만 한 가지만은 확실했다. 현재의 모습으로부터 벗어나고 싶다는 것.

조이는 조지의 생각을 벌써 읽고 있었다. 비전을 가진 사람은 눈빛과 걸음걸이부터 눈에 띄게 다르다. 그런 사람의 발걸음에는 자신이 걸어가는 방향과 그 이유에 대한 확신이 묻어나기 때문이다. 조지의 걸음걸이에는 아직 그런 게 느껴지지 않았다.

"다 왔네요, 조지. 당신이 지금 무슨 고민을 하는지 잘 알고 있어요. 자, 여기 이 책을 시간을 내서 꼭 읽어보세요. 그리고 제가 한 질문에 대한 당신의 답을 생각해보세요. 내일 만나요, 조지."

회사에 들어온 조지는 책상에 앉아 조이가 건네준 책을 펴들었다.

커다란 버스 그림과 함께 '에너지 버스'라는 제목이 크레파스로 씌어 있는 동화책이었다. '내가 어린앤가? 동화책이 뭐람.' 조지는 투덜거리며 첫 장을 열었다. 마치 조지의 마음을 읽기라도 한 듯, 거기에는 조이가 직접 써넣은 머리말이 있었다.

> 인생이란 원래 단순합니다. 마치 동화 속 이야기들처럼 말입니다. 그런데 우리는 스스로 인생을 복잡하고 알 수 없는 것이라고 규정해놓고, 정작 진실을 보지 못합니다.
>
> 인생에서 가장 중요하고 의미 있는 진실은 아주 간단한 교훈 속에 담겨 있게 마련입니다. 진실에 가까이 갈수록 표현은 단순해집니다. 그러니 동화라고 해서 이 책을 하찮게 여기지는 말아주세요. 이 책을 읽는 당신도 곧 알게 될 것입니다. 아주 쉽고 단순한 내용 같지만 이 안엔 우리 인생에 대한 모든 것이 담겨 있답니다. 자, 이제 이야기를 시작합니다.

동화의 내용을 요약하면 이랬다.

이것은 당신의 '에너지 버스'입니다.
당신이 바로 이 버스의 운전사지요.
이 버스를 몰고, 당신은 어디든 원하는 곳으로 갈 수 있어요.
"Yes!" 하고 세 번 스스로에게 약속하세요.
"Yes!", "Yes!", "Yes!"
영화의 한 장면 속? 디즈니랜드? 북극?
어디로든 갈 수 있어요.
당신의 버스에게 말하세요. 진정으로 가고 싶은 곳이 어딘지. 그러면 갈 수 있어요.
모든 여행은 어디론가 가고 싶다는 소망, 무언가 하고 싶다는 열망에서 시작되니까요.
강렬하게 원하는 마음만 있으면 그것을 실현할 수 있는 힘도 생긴답니다.
당신은 어디로 가고 싶나요? 당신의 비전은 무엇인가요?

동화에 이어서 다시 조이가 써내려간 안내문이 들어 있었다.

어디로 가고 싶습니까? 그 답을 찾아야만 당신은 저와 함께 나머지 '인생의 룰'을 배울 수 있답니다. 당신이 정말 원하는 게 뭔지 잘 생각해보세요. 삶은 당신 자신이 만들어가는 겁니다. 세상에 끌려다니지 마세요. 당신 자신의 삶을 스스로 창조하세요. 아래 질문들에 대해 깊이 생각해보고 답을 써보세요. 그리고 내일 버스에서 다시 만나요.

1. 당신의 비전은 무엇인가요? 당신이 인생에서 이루고 싶은 꿈은 무엇인가요? 5년 후, 10년 후에 당신은 자신이 어떤 모습이기를 바라나요? '비전(Vision)'이란 그리 어려운 말이 아닙니다. 당신 내면에서 꿈틀대는 소망이 무엇인지 찾아내 그것을 구체적인 말로 적어보세요.
2. 당신이 하고 있는 일이나 직업세계, 당신이 몸담고 있는 팀이나 조직의 미래에 대한 비전은 무엇인가요? 어떤 모습이었으면 좋겠고, 어떻게 만들어가고 싶습니까?
3. 당신이 맺고 있는 인간관계, 친구들, 가족들, 자녀가 있다면 그들과의 관계가 어떻게 됐으면 좋겠습니까? 당신은 그 사람들에게 어떤 사람으로 기억되고 싶나요?

08

모든 것은 에너지의 문제다

우주를 움직이는 건 굳어져 있는 물체가 아니라,
그것 사이를 오가는 에너지다.
그렇다고 벽을 내려치진 마라. 손이 깨질지 모르니.

목요일 아침 7시 반.

정류장에 11번 버스가 멈춰 섰을 때, 버스에 올라타려던 조지는 하마터면 버스에서 급히 내리는 한 남자와 부딪힐 뻔했다. 남자는 마치 벌레라도 본 듯 후다닥 버스에서 뛰어내리며 소리쳤다.

"에라, 이 정신 나간 여자야!"

버스 안에서 조이가 맞받아 외쳤다.

"배울 준비가 되면 그때 다시 오십시오, 손님!"

"무슨 일입니까?" 조지가 늘 앉던 좌석에 앉으면서 물었다.

"가끔 있어요, 저런 양반들. 세상에서 가장 커다란 착각 속에 살고 있는 사람들이요. 우리가 걷는 이 땅은 평평하고, 해가 동쪽에서 떠서 서쪽으로 진다는 착각 말이죠."

"착각이라니요…? 그건 맞는 말이 아닌가요?" 조지가 어리둥절한 표정으로 되물었다.

"당신도 그렇게 믿고 있군요? 조지. 우리 눈에 보이는 것이 우리가 살고 있는 세상의 진짜 모습이라고. 우리 눈에 보이는 물리적인 세상은 사실 모두 착각이에요. 세상은 그저 엄청난 양의 에너지로 이루어져 있을 뿐이랍니다. 아인슈타인도 말했잖아요. $E=mc^2$이라고."

조이는 마치 대학교수라도 된 것 같았다. 꽤나 자신만만하고 낙천적인 사람인 줄은 알았지만, 해박하기까지 한 줄은 몰랐다.

조이가 말을 이었다.

"아인슈타인은 중요한 것은 에너지뿐이고, 우리가 보는 모든 물리적 사물과 우리 신체마저도 에너지로 이루어져 있다고 말했죠. 우리는 에너지로 가득찬 세상에 살고 있어요. 인생의 모든 것도 결국 에너지고요. 아아, 겁먹지 말아요. 골치 아픈 과학이론을 들이대려는 건 아니니까. 우리 삶을 잘 들여다보면 내가 무슨 얘기를 하는 건지 알 수 있을 거예요. 잘 생각해봐요.

우리 주변에도 왠지 같이 있으면 기운이 나는 사람이 있는가 하면, 왠지 자꾸 우리 에너지를 빼앗아가는 것 같은 사람이 있죠? 어떤 음식을 먹으면 속이 뿌듯하고 힘이 솟는데, 어떤 음식은 먹고 나도 더부룩하기만 하고 꾸벅꾸벅 잠만 오죠. 직장에서는 또 어떤가요? 에너지가 절로 불끈불끈 솟는 프로젝트가 있는가 하면, 왠지 하기도 싫고 조금 하다 보면 푹푹 지쳐 떨어지게 하는 일도 있잖아요. 모든 건 결국 에너지의 문제예요. 머릿속의 생각, 우리가 하는 말, 우리가 듣는 음악, 우리를 둘러싼 주변 사람들…, 어디든 에너지가 있어요. 그걸 느끼죠, 조지?"

"듣고 보니 그렇네요." 조지는 회사에서 에너지가 충천해 의욕적으로 일을 해본 게 언제였는지 까마득하다는 생각을 하며, 공감의 의미로 고개를 끄덕였다.

"또 예를 들어 줄게요. 축구나 농구경기 보면 중계하는 아나운서가 이런 얘기를 하죠? '아, 지금 팀의 에너지가 충만해 있습니다.'라는 둥 '관중들의 열기가 하늘을 찌르는군요.'라든가 '저 선수, 지금 에너지가 최상의 상태로군요.' 하는 얘기요. 그리고 실제 경기장에 가보면 말이죠. 관중과 선수들이 뿜어내는 뜨거운 에너지가 마치 내 몸을 훅~ 하고 덮치는 것 같은 기분을 느낄 수 있어요. 그걸 측정할 기계가 있다면 아마 수치가 최고조일 걸요. 경기가 끝나면 감독이 '오늘은 선수들 손발이 척척 맞았다.'든지, 아니면 '호흡이 잘 안 맞았다.'든지 평가를 합니다. 또 '오늘은 팀 모두가 정말 대단한 에너지를 발휘했습니다.' 하고 말하기도 하고요. 에너지라는 건 그렇게 중요하답니다. 같이 일하는 동료가 다음에 무슨 말을 할지 정확히 알아차린 적 있죠? 똑같은 말을 동시에 뱉어본 적도 있고요?”

“네, 맞아요. 종종 있어요.”

“와이프가 당신 생각을 읽은 적은요?”

“훨씬 많죠.” 조지가 멋쩍은 웃음을 지으며 대답했다.

“바로 그게 생각이 가진 ‘에너지’예요. 생각에는 엄청난 에너지가 저장돼 있답니다. 그렇기 때문에 어제 내가 당신에게 인생과 일, 가족에 대해 갖고 있는 비전을 적어보라고 한 거예요. 진짜 원하는 게 뭔지 진지하게 생각해보고 그 비전을 글로 옮겨놓는 순간, 그 행위가 강력한 에너지를 이끌어내 당신이 원하는 삶을 만드는 과정을 시작하게 해준답니다. ‘아, 저기로 꼭 가고 싶다.’는 비전이 없다면 아무데도 갈 수 없어요. 설계도나 머릿속 그림이 없이 집을 지을 수 없는 것과 마찬가지예요. 목적지도 모른 채 버스를 운전하는 것이 무슨 의미가 있겠어요? 조지, 당신에게도 비전이 있어야 해요. 당신은 어디로 가고 싶나요? 내가 준 종이에 적어왔겠죠?”

09

조지의 비전

왜, 우리는 머릿속 열망을 실현될 수 없는 판타지로 방치하는가?
왜, 우리는 성공하는 사람이 나와는 DNA가 다른
특별한 사람이라고 생각하는가?

조지에게도 비전이 있었다. 어젯밤 스탠드 불빛 아래서 한참을 생각해 몇 가지를 적어보았다. 그는 서류가방에서 그것을 꺼내며, 원하는 삶에 대해 생각해본 지가 하도 오래 돼서 처음엔 종이를 채우기가 힘들었다고 솔직히 털어놓았다.

"저는 이제까지 거의 대부분 다른 누군가의 요구에 맞춰 살아왔어요. 그래서 제가 원하는 것을 생각해본다는 게 사실 좀 낯설었습니다. 하지만 내가 진짜 원하는 삶을 생각해본다는 것, 참 좋은 일이더군요. 종이에 적으면서 비로소 알았습니다."

"계속 얘기해봐요, 조지." 조이는 궁금해 죽겠다는 듯 입가에 미소를 머금고 고개를 끄덕였다.

조지는 자신의 개인적 비전에 대해 먼저 이야기했다. 그는 대학시절 잘나가는 하키 선수였다. 지금은 벨트 아래로 뱃살이 불룩 삐져나와 있지만, 예전의 짱짱한 몸매를 되찾고 싶은 마음이 굴뚝 같았다. 비전에 대해 생각하다 보니, 가장 먼저 떠오른 것이 행복하고 살아 있다는 느낌으로 충만했던 그 시절이었던 것이다. 그 느낌을 다시 찾고 싶었다. 그리고 더 훌륭한 아빠, 더 좋은 남편이 되고 싶었다.

"한 20년 후쯤 아이들이 돌이켜봤을 때 아빠인 내가 있어 행복했다고, 훌륭한 아빠였다고 생각했으면 좋겠어요. 지금은 못난 아빠지만…. 뭔가 변화가 필요하다는 걸 저도 잘 알고 있어요."

"부인과는 어때요? 어떻게 되고 싶나요?" 조이가 물었다.

"아내가 앞으로도 내 곁에 있었으면 해요. 처음 사랑에 빠졌을 땐 서로가 없으면 한시도 못 살 것 같고 얼굴만 봐도 웃음이 절로 나왔죠. 그 시절로 돌아갔으면 좋겠어요."

"조지, 알고 보니 꽤 낭만적인 사람이군요!" 조이가 놀리듯 말했다.

조이는 그가 선한 심성을 가졌다는 걸 알고 있었다. 그녀는 조지가 버스에 오른 첫날부터 그가 좋았다. 어두운 표정 저 아래 내면 깊은 곳에, 밝게 빛나고 싶어 안달하는 무언가가 숨겨져 있다는 것도 알고 있었다. 그리고 조지가 자신의 비전에 대해 털어놓으며 그 빛이 조금씩 뿜어 나오는 것을 보고, 그녀는 기분이 좋아졌다.

하지만 얼굴이 상기된 조지는 낭만 따위를 생각할 마음의 여유가 없었다. 그는 결혼생활이 깨질까 봐 전전긍긍하고 있었다. 그는 그런 상황을 설명하고 모든 게 제대로 돌아오길 바란다고 말했다.

"그럼요, 좋아질 거예요." 조이가 격려했지만 조지는 여전히 확신이 들지 않았다.

"그냥 믿으세요. 아무 이유 없이 그렇게 된다고 믿어요." 조이의 목소리는 차분하면서도 힘이 있었다.

그들은 일과 NRG 사에서의 비전으로 말머리를 돌렸다. 조지는 자신이 이끄는 마케팅팀이 이번에 런칭하는 NRG-2000이라는 전구의 프로모션을 준비하는 중이며, 다음 주 금요일에 중역들을 대상으로 한 프레젠테이션이 계획되어 있다고 말했다.

"이번에 실패한다면 정말 끝입니다. 아마 회사에서 잘릴 거예요. 어떻게든 팀원들이 합심하고 노력해서 이번 런칭을 성공적으로 끝냈으면 좋겠는데…."

"아, 그래요. 100점 만점을 기준으로 한다면 지금 준비가 얼마나 돼 있는데요?" 조이가 물었다.

"한 20점쯤? 팀워크도 엉망이고 의욕도 바닥이에요. 아주 말이 아니죠."

조이가 따뜻한 어조로 격려의 말을 건넸다. "힘든 상황인 건 맞네요. 하지만 상황이 나아지지 말라는 법은 없죠. 여기 이 버스에 탄 사람 치고 그런 심각한 위기를 겪지 않은 사람은 없답니다. 대니는 뇌졸중으로 쓰러졌지만, 다시 일어났어요. 일어날 수 있다는 강렬한 열망에 집중했기 때문이죠. 그리고 일어날 수 있다는 비전을 포기하지 않았고요. 마티는 또 어땠는데요."

차 안에 있는 승객들이 고개를 끄덕이며 조지에게 격려의 눈빛을 보냈다.

"불행히도, 대부분의 사람들은 위기를 겪고 나서야 비로소 변화해요. 이유는 잘 모르겠어요. 하지만 그렇게 경험을 한 사람들이라면 누구나 '다른 사람들은 그런 위기를 겪기 전에 한 번이라도 자신의 인생에 대해서, 자신이 원하는 바에 대해서 진지하게 생각해보았으면….' 하고 바라죠. 어떻게 되겠지 하고 마냥 기다려서는 안 돼요. 그래서 때로 위기가 필요하기도 해요. 또 어떤 때는 인정하고 싶지 않은 사실을 인정해야 하기도 하구요."

조이의 말을 들으며 조지는 암으로 투병 중인 어머니를 떠올렸다. 어머니는 당신이 병상에서 일어나기만 하면 어떻게 살고 싶은지에 대해 늘 말씀하시곤 했다.

"그래요. 지금 당신은 위기를 겪고 있어요. 하지만 그 위기가 기회가 될 수도 있어요. 어떤 위기든 그것에 굴복하지만 않는다면, 당신을 더 강인하고 지혜롭게 만들어주는 기회가 된답니다. 내면 깊은 곳에 있는 또 다른 당신, 더 나은 당신을 발견할 수 있는 기회

말이에요. 지금이 비록 위기라 해도, 중요한 건 그것을 대하는 당신의 태도예요. 자, 이제 당신이 가고 싶은 방향도 알았고 비전도 세웠으니, 두 번째 룰을 배워볼까요?”

10

집중의 힘

생각만으로는 아무것도 변화시키지 못한다고 믿으면서,
혹시 '부정'과 '불평'이라는 생각 마취제를 남용하고 있지 않은가?

대니가 두 번째 룰이 적힌 종이를 꺼내 모두에게 보여주었다.

Rule #2
당신의 버스를 올바른 방향으로 이끄는 것은 '열망', '비전', 그리고 '집중'이다.

조이가 조지를 돌아보며 말했다.

"집중이 중요해요, 조지. '집중'이 없이는 건물이 지어질 수도, 그림이 그려질 수도 없어요. 에너지가 사방으로 흩어지고 말죠. 당신이 원하는 비전을 알았으니 이제 그 비전을 현실로 바꿔야죠? 그 출발점은 바로 '생각'이에요."

"생각? 단지 생각만으로 어떻게 제 직장생활과 결혼생활을 바꾼다는 겁니까?" 조지는 조이의 발상에 회의적이었다.

"생각이 가진 에너지 덕분이죠." 조이의 목소리는 확신에 차 있었다. "당신이 적은 비전을 매일 10분씩 집중해서 바라보면서, 거기에 적힌 내용을 이뤄나가는 자신의 모습을 그려보세요. 그러면 '에너지의 법칙'이 작용하기 시작할 거예요."

"인력(引力)의 법칙이라고도 해요." 뒤쪽에서 마티가 덧붙였다.

"그래요, 마티. 맞아요, 인력의 법칙. 쉽게 설명해볼까요? 우리가 뭔가에 빠져서 그것에 집중할수록, 그러니까 무언가를 아주 많이 생각하면 할수록, 실제로 그것이 우리 삶에 더 많이 나타나게 되지요. 왜, '어떤 차종을 사야지….' 하고 마음먹으면 거리에 온통 그 차만 있는 것처럼 자꾸 그 모델만 눈에 띄잖아요."

맞는 말이었다. 조지는 고개를 끄덕였다.

조이가 말을 이었다. "생각은 자석과 같기 때문이에요. 우리가 생각을 할 때마다, 생각은 그 생각한 대상을 자석처럼 끌어당긴답니다. 생각을 하면 할수록 그 자력은 더 커지고 강해져요. 우리가 에너지를 쏟는 대상, 주의를 기울이는 대상이 자꾸 더 많이 삶에서 나타나지요. 생각을 통해 내보낸 에너지, 그것이 주파수가 맞는 에너지를 다시 내게로 끌어당기는 거죠."

"'아, 그 친구한테 전화 건 지 오래됐는데….' 하고 생각하다 보면 약속이라도 한 듯 그 사람한테 전화가 걸려오는 경험, 해봤죠?

그걸 과학계에선 '전화 텔레파시'라고 해요." 마티가 자랑스러운 듯이 컴퓨터 검색결과를 보여주며 거들었다.

조이가 다시 말을 받았다.

"생각에는 에너지가 있어요. 그러니 당신이 '원하지 않는 것'이 아니라, 당신이 '원하는 것'을 생각해야 합니다. 거기에 집중하란 얘기예요. 늘 불평불만을 입에 달고 사는 사람들 있죠? 원하지 않는 것, 싫어하는 것, 할 수 없는 일에만 집중하기 때문에, 정말로 그렇게 되는 거랍니다."

"네, 그런 사람들… 많죠." 조지는 자기도 거기에 속하는 것 같아 속으로 뜨끔했다.

"불평하면 할수록 불평거리가 더 생기는 법이에요. 불평이나 부정적인 생각을 버려야 하는 이유가 거기 있어요. 나는 내 버스에 타는 사람들이 불평하는 걸 허용하지 않아요, 투덜대느라 원하는 인생을 생각할 수도, 이룰 수도 없을 테니까요. 또 다른 손님들의 여행에도 방해가 되고요. 내가 예전에 스쿨버스를 몰 때 아이들에게 늘 해주던 말이 있는데, 지금은 여기 손님들한테도 해준답니다. 사실 따지고 보면 어른들한테 더 필요한 말이죠. 바로 이거예요. '우리는 투덜이가 아니라 승리자다'."

버스의 승객들 모두가 폭소를 터뜨리며 일제히 외쳤다. "우리는 투덜이가 아니라 승리자다!" 한두 번 해본 모양이 아니다.

"원하지 않는 것, 하기 싫은 일에 대해서는 잊어요. 당신이 원하는 '비전'에 에너지를 집중하세요. 알았죠?" 조이는 확인하려는 듯 물었다.

"마음속에 선명하게 그림을 그릴수록 실제로 현실화될 가능성이 높아진대요." 마티가 조지에게 올림픽 출전 선수들을 대상으로 했던 심상(心象)연습 사례연구 자료를 보여주었다.

"이 방법은 실제 올림픽 출전 선수들을 통해서 효과가 검증됐어요. 자신이 높은 점수를 내거나 승리하는 장면을 오랫동안 마음속으로 상상한 선수들이 실제로 금메달을 땄다는 놀라운 결과예요. 우리 같은 사람들도 멋진 인생이나 성공을 위해 그 방법을 쓸 수 있다는 얘기죠."

마티는 누구보다도 심상연습의 효과를 잘 알고 있었다. 예전에는 하는 일마다 꼬였던 그였다. 하지만 조이에게서 자기 내부의 에너지를 활용해서 스스로 행운을 만들어나가는 법을 배운 이후, 커다란 변화가 있었다. 컴퓨터에 대한 취미가 남달랐던 마티는 자신이 흥미를 가진 그 분야의 사업을 구상해 벤처회사를 창업했고, 지금은 그 회사의 가치가 수백만 달러를 호가하고 있다. 마티는 이제 자신이 꿈꾸던 흥미진진하고 여유로운 삶을 만끽하고 있다.

조이가 말했다.

"우리는 '꿈의 에너지 장(場)' 안에 살고 있어요. 꿈을 마음속에 선명하게 그려보고 거기에 집중하며 행동하면, 그 꿈은 곧 이루어지게 돼 있죠."

그 말을 듣고 조지는 생각에 잠겼다. '내 삶이 엉망이 된 게 어쩌면 아내가 늘 지적했던 내 부정적인 태도 때문인지도 몰라. 회사에서든 집에서든 난 불평을 입에 달고 살았지. 하지만 생각을 바꾼다고 해서 정말 뭐가 크게 달라질까? 비전에 집중하면 정말로 그것이 내 삶을 끌어당길까?'

조지도 대학 시절 운동을 했기 때문에 승리를 상상하는 것이 긍정적인 경기결과와 직결된다는 것쯤은 잘 알고 있었다. '하지만 그건 어디까지나 스포츠고 이건 인생이라는 더 복잡한 영역의 문제 아닌가? 마음속으로 생각하는 것만으로 꿈이 이뤄진다면, 실패할 사람이 어디 있겠는가? 꿈의 에너지 장이라…?' 조지는 아무래도 회의적인 생각이 들었다. '정말 달라질 수 있을까? 너무나 오랫동안 여러 문제들이 나를 괴롭혀왔어. 지금의 심각한 위기는 마음 조금 달리 먹는다고 해결될 단순한 슬럼프가 아니야.'

하지만 무슨 수라도 내야 할 만큼 궁지에 몰린 그의 머릿속에는 조금씩 다른 생각이 자리 잡기 시작했다. '아니지, 달리 생각해보면 한번 시도해본다고 더 나빠질 이유도 없지, 직장이든 가정이든 지켜낼 수만 있다면….'

다음 주 금요일, 신제품 NRG-2000 런칭이 그를 기다리고 있다. 어쩌면 오늘은 그의 꿈이 이뤄지는 시작점이 될지도 모를 중요한 날이었다.

11

'긍정 에너지'가 가진 놀라운 힘

잉크가 섞여 온통 검게 변한 물,
그것을 맑게 할 수 있는 유일한 방법은
맑은 물을 계속 부어주는 것뿐이다.

생각에 빠져 있던 조지가 마침내 입을 열었다.

"좋아요. 이 에너지 버스에 타고 있는 동안, 제가 가고 싶은 방향이나 비전 얘기를 하는 동안에는 정말 제가 달라진 것 같아요. 하지만 저기 전쟁터 같은 직장이나 집에서까지 그렇게 긍정적인 생각만으로 나를 유지하기가 쉽지만은 않다는 걸, 조이 당신도 알아줬으면 좋겠어요. 피도 눈물도 없는 이기주의자들 틈에서 살아남아야 하고, 산적해 있는 골치 아픈 문제들도 해결해야 해요. 날마다 지뢰밭을 걷는 느낌이라고요." 솔직한 고백이었다.

"그래요, 조지. 당신 말대로 내가 당신 주위의 모든 상황을 다 알 수는 없어요. 하지만 이것만은 확실해요. '그 상황을 바꾸고 싶다면 먼저 당신의 생각부터 바꿔야 한다.'는 사실 말이에요. 지금까지의 생각과 태도를 버리지 않고 고수하면, 앞으로 당신이 얻을 결과도 과거와 크게 다르지 않을 거예요. 이제 특별한 공식 하나를 소개하죠. 대니, 부탁해요."

대니가 가방에서 보드지로 된 종이 한 장을 꺼내 보여주었다. 거기엔 이렇게 씌어 있었다.

E+P=O

"E는 삶에서 일어나는 사건(Event)이에요." 대니가 설명했다. "P는 그것을 받아들이는 태도(Perception), O는 결과(Out-come)를 뜻합니다. 인생에서 일어나는 '사건'들을 우리가 통제할 수는 없어요. 하지만 그것을 받아들이는 '태도'는 우리가 결정할 수 있어요. 그러니 결과에 영향을 줄 수 있는 변수는 결국 우리의 태도뿐이라는 것이죠."

조이가 다시 말을 받았다.

"P는 또 다른 말로 하면 '긍정 에너지(Positive energy)'라고도 할 수 있어요. 대니가 설명했던 대로 '우리의 삶'이라는 공식에서 가장 중요한 것은 '긍정 에너지'예요. 우리에게는 각자 살고 싶은 삶, 비전이 있어요. 하지만 주위에 있는 모든 사람들이 그 비전을 위해 박수 쳐주는 것만은 아니죠. 인생이라는 기나긴 여행길 앞에는 언제나 그 길을 가로막는 장애물이나 여행을 고달프게 하는 비포장도로나 웅덩이들이 수시로 등장해요. 펑크 난 타이어처럼 예상치 못한 일들도 불쑥불쑥 터지죠. 낙담하거나 좌절하는 일도 없이, 항상 룰루랄라 콧노래만 부르며 사는 사람이 세상에 어디 있겠어요? 하지만 핵심은, 그 사건들 자체가 아니라 그것을 대하는 우리의 태도예요. 그런 장애물을 만났을 때 그것 때문에 여행을 망치지 않기 위해 어떤 '조치'를 하느냐 하는 것이죠. 처음 만났을 때 말했죠? 현명하게 선택해야 한다고. '긍정 에너지'를 선택하는 사람은 결과도 긍정적인 쪽으로 바꾸어놓을 수 있어요.

이 세상을 한번 둘러봐요. 부정적인 말과 부정적인 에너지가 얼마나 많아요? 하지만 긍정 에너지로 무장하면, 그 많은 부정적인 사람들과 부정적인 상황들에 대처할 수 있어요. 긍정 에너지는 버스를 앞으로 달리게 만드는 힘입니다. 속에는 부정적인 마음을 잔뜩 가지고서 겉으로만 안 그런 척 요란하게 자신감을 떠벌이라는 얘기가 아니에요. 장애물과 힘든 문제들을 극복하게 해주는, 진정한 긍정 에너지가 있어야 해요. 믿음, 신념, 열정, 목적, 즐거움, 행복…, 그런 것들 말입니다. 긍정 에너지는 다른 사람들에게도 의욕을 불어넣죠. 긍정 에너지는 힘을 주지만, 반대로 부정 에너지는 힘을 빼앗아갑니다. 다시 강조하지만, 이건 굉장히 중요한 사실이에요. 대니, 이제 세 번째 룰을 보여주세요."

Rule #3
당신의 버스를 '긍정 에너지'라는 연료로 가득 채워라.

"열망, 비전, 집중이 버스를 올바른 방향으로 향하게 했다면, 이제는 달려야지요? 거기에 필요한 게 바로 긍정 에너지예요. 매일매일 인생이라는 버스에 연료를 넣을 때, 긍정 에너지를 넣을지 부정 에너지를 넣을지 선택해야 합니다. 긍정 에너지는 옥탄가가 높은 휘발유와 같아서 차를 힘차게 달리게 해주지만, 부정 에너지는 싸구려 가짜연료처럼 엔진에 찌꺼기가 끼게 만들고 결국엔 차까지 망가뜨리지요."

"제가 너무 부정적인 태도에 익숙해 있어서 그게 무의식중에 나와버리는걸요?" 조지가 무기력한 표정으로 물었다.

조이는 차 한쪽에 있는 쓰레기통을 가리켰다.

"쓰레기통은 이럴 때 쓰라고 있는 거예요. 저기다 던져버리세요, 전부 다. '왜 구질구질하게 비가 오는 거야.' 하는 생각이 들면, 그 생각을 마음 속 쓰레기통에 버리고 '비가 오면 좋은 점들'을 생각해보고 감사하세요. 길이 꽉 막혀서 차가 도로 한가운데 갇혔다면, 그래도 사지가 멀쩡해서 운전을 할 수 있다는 사실에 감사하세요. 일이 힘들고 스트레스 받는다고 불평만 할 게 아니라, 문제를 해결하기 위해 당신이 '할 수 있는 일'에 집중해야 합니다. 매일 매일 잔걱정이 많다면, 걱정할 거리가 많아 두뇌회전을 할 수 있다는 사실에 감사하세요. 부정적인 상황을 뒤집어보면 거기엔 항상 긍정적인 면이 있게 마련이에요. 동전의 양면처럼 말이죠."

"그러니까, 계속해서 제 삶을 긍정 에너지로 채우라는 말씀이시군요."

"그래요, 빈틈이 생기면 이 부정 에너지란 놈은 귀신같이 그 자리를 채우려고 해요. 그러니까 의식적으로 긍정 에너지를 가득 채워서 부정적인 생각이 비집고 들어올 틈이 없게 해야 해요. 항상 긍정적인 생각과 감정을 키우고 긍정적인 방식으로 행동하세요. 이 연료가 없으면 당신 버스의 엔진은 겨우겨우 버텨나가다가 결국 꺼져버리고 말 거예요."

"저 자신은 그렇다 치고, 저희 팀은 어떻게 하죠?" 조지가 물었다.

"마찬가지예요. 그들도 비전에 집중하고 긍정적으로 변화하도록 도우세요. 팀원들이 당신의 비전을 공감해주고 거기에 동참했으면 좋겠죠? 팀원들이 가진 능력을 멋지게 발휘하게 해줄 몇 가지 룰이 준비돼 있으니, 나중에 차례대로 가르쳐줄게요. 우선 당신 먼저 긍정 에너지로 충전하는 일이 급선무예요. 당신한테 그게 없으면 다른 이들에게 나눠줄 수도 없으니까요. 한 번에 하나씩, 차근차근 가자고요. 긍정적인 생각 한 가지, 긍정적인 감정 한 가지, 긍정적인 행동 한 가지…. 팀에 대해선 또 얘기할 기회가 있을 겁니다."

조지의 회사가 가까워오자, 조이가 다시 운전석 옆에서 작은 책자를 꺼내 건네주었다.

"자, 오늘은 이걸 읽어봐요. 내 버스에 타는 사람들에게 선물로 주는 '에너지 북'이랍니다. 오늘 하루 내내 '긍정 에너지'라는 말에 집중하세요. 그리고 내일 더 밝은 모습으로 만나요. 안녕, 조지."

회사에 들어온 조지는 지난번 '동화책'을 꺼내들 때와는 사뭇 다른 마음가짐으로 책자를 펼쳤다. 그 책은 동양의 현자인 고타마 붓다에 대한 한 일화로 시작하고 있었다.

한 제자가 붓다에게 물었습니다.

"제 안에는 마치 두 마리 개가 살고 있는 것 같습니다. 한 마리는 매사에 긍정적이고 사랑스러우며 온순한 놈이고, 다른 한 마리는 아주 사납고 성질이 나쁘며 매사에 부정적인 놈입니다. 이 두 마리가 항상 제 안에서 싸우고 있습니다. 어떤 녀석이 이기게 될까요?"

붓다는 생각에 잠긴 듯 잠시 침묵을 지켰습니다. 그러고는 아주 짧은 한마디를 건넸습니다.

"네가 먹이를 주는 놈이다."

조지는 딱 지금 자신의 상황을 설명하는 이야기라고 생각하며, 책장을 넘겼다. 거기에도 역시 조이의 친필로, 오늘 배운 '긍정 에너지'를 키우는 방법에 대한 안내가 적혀 있었다.

잘 읽어보셨습니까? 긍정적인 개와 부정적인 개, 둘 중 누구에게 먹이를 줘야 할지는 이미 결심했을 줄 압니다. 그리고 여기, 그것에 도움이 될 만한 몇 가지 조언을 실었습니다. 하루에 10분 정도 한 가지씩 실천해보세요.

12

감사하며 걷기

몸은 단지 정신을 담아내는 그릇에 불과하다고
생각하는가? 그렇다면, 그 몸이 어떻게
정신을 끓이고 요리하는지 보라.

조지는 흥미로운 표정으로 연습과제를 훑어보다가, 문득 오랜 친구인 스미스 생각이 났다. 인터넷 업계가 활황이던 시절에 사업 운이 맞아떨어져 큰돈을 벌고, 그것을 바탕으로 사업을 확장해 지금은 아주 성공적인 사업가로 자리 잡은 친구였다. 조지는 얼마 전, 그 스미스가 이혼을 했다는 소식을 들었다. 스미스는 모든 걸 다 가진 운 좋은 놈이라고, 친구들은 모두 부러워했었다. 넘치는 돈, 화목한 가정, 화려하고 멋진 집, 거기에 경영하는 사업체도 여럿이었다. 하지만 그런 겉모습만 가지고 모든 것을 판단할 수는 없는 노릇인가 보다. 화려한 외양과는 달리, 스미스의 개인사는 심각하게 곪아가고 있었던 것이다. 가만히 생각해보면 가끔 동창회에 얼굴을 내미는 스미스의 모습에서 '행복한 기운'이 느껴진 적은 없었던 것 같다.

조지는 자신은 절대 스미스와 같은 전철을 되풀이하고 싶지 않다고 결심했다. '많은 사람들이 행복의 조건이라고 판단하는 항목들이 꼭 진실은 아니야. 모든 걸 다 가졌다 해도 정작 자신이 행복하지 않다면….'

조지는 '행복'에 대해 생각해보며 다시 책장을 넘기다가, '감사하며 걷기'라는 페이지에 눈길을 멈췄다. 그리고 잠시 한숨을 쉬며 생각했다. '스트레스로 가득한 이 사무실에서 어떻게 감사하며 걷는단 말인가, 시간도 없는데.' 부정적인 개가 고개를 쳐들었다. 그 감정을 느낀 조지는 얼른 마음속 쓰레기통에 그 부정 에너지를 던져버리고는, 마음을 고쳐먹었다. '감사, 감사라…. 그래, 이거 한번 해보자.'

조지는 머그잔에 생수를 따라서 손에 든 채 사무실 복도를 천천히 걸었다. 그리고 감사할 것들을 하나씩 머릿속에 떠올렸다. 혼잣말을 중얼거리는 모습을 직원들이 본다면, 미쳤다고 생각할지도 몰랐다. 하지만 조지는 괘념하지 않았다. 감사할 일들을 하나둘 꼽아나가다 보니, 훨씬 힘도 나고 기분도 좋아지는 것을 느낄 수 있었다.

'에너지 북'에는 감사하는 마음을 가지는 것만으로도, 온몸의 혈관과 머릿속에 긍정적인 엔도르핀이 흐르게 된다고 씌어 있었다.

또 그것이 걷는 '행위'와 합쳐지면 한층 강한 상승작용이 있다고 했다. 직접 해보니, 정말 맞는 말이었다.

자기 자리로 돌아오면서, 조지는 조금 전과는 달리, 몸 안에 에너지가 흘러넘쳐 즐겁게 일을 시작할 수 있을 것 같은 기분을 느꼈다.

'조이 말이 맞구나. 긍정적인 개에게 먹이를 주니까 효과가 있는걸. 회사에서도 이렇게만 하면 문제없을 거야.' 그는 싱글싱글 웃으면서 팀원들과 예정돼 있던 신제품 런칭 준비 미팅에 들어갔다.

13

한 방의 멋진 골프 샷

우리 몸에 배인 아주 사소한 습관조차,
우리가 물을 주고 정성을 들인 쪽만 남아 있게 된 것이다.

그날 밤, 조지는 소파에 앉아 TV를 보고 있다가 불현듯 '에너지 북'을 다시 꺼내보고 싶다는 생각이 들었다. 여기저기를 넘겨보다가 한 챕터가 눈에 쏙 들어왔다. 골프 이야기였다. 조지는 골프를 굉장히 좋아했지만, 요즘에는 통 짬을 낼 수가 없던 터였다.

사람들이 왜 골프에 빠지는지 아십니까? 대부분의 사람들은 골프를 치고 난 후, 형편없었거나 실수를 했던 샷은 잊어버립니다. 대신 그날 멋지게 날렸던 한 방만을 기억합니다. 그리고 그 기억, 그 순간의 짜릿하고 강렬한 느낌 덕분에 또다시 골프장을 찾게 되고 서서히 골프에 중독됩니다.

인생도 마찬가지입니다. 비록 다른 사람들은 그날 일어났던 안 좋은 일이나 잘못한 것들을 곱씹으며 잠자리에 든다 해도, 당신은 전혀 다른 걸 기억하며 잠을 청하십시오. 그날 있었던 가장 즐거운 일, 유쾌한 전화통화, 회의에서 멋지게 발표했던 순간, 고객의 사인을 받아낼 때의 그 쾌감, 가슴을 촉촉이 적셔주었던 한마디의 대화…. 그 멋진 성공의 기억이 내일도 더 멋진 성공이 이어질 것이라는 기대감을 심어줍니다. 그리고…, 그렇게 우리는 인생에 중독됩니다.

순간, 조지의 머릿속에 아이디어가 반짝 떠올랐다.

조지는 아이들 방문을 두드렸다. 그리고 침대 발치에 앉아 두 아이를 양쪽 무릎에 앉혔다. 예전에는 가끔 침대 머리맡에서 동화책을 읽어주곤 하던 아빠였지만, 요즘 들어서는 너무도 바쁘고 찌들어 보이는 아빠였다. 하지만 오늘은 아빠가 행복하고 즐거워 보인다. 아이들은 오랜만에 보는 아빠의 자상한 모습에 행복한 표정이었다. 조지는 아이들에게 '오늘 있었던 가장 즐거웠던 일을 한 가지씩 얘기해보자.'고 말했다. 행복했던 일이나 스스로가 자랑스러웠던 일도 좋다고 했다. 아이들은 즐거워하며 그날 있었던 일들에 대해 조잘조잘 떠들었다.

'매일 밤, 이런 시간을 가져야겠는걸.' 조지는 속으로 생각했다. 조용히 아이들 방에서 나오는데 아내가 따뜻하게 미소를 지으며 그 모습을 지켜보고 있었다.

"여보, 당신 오늘은 너무 자상한 모습이에요." 조지는 아내의 어깨에 팔을 두르며 함께 산책을 나가자고 권했다.

강아지 새미를 데리고 조용한 거리를 걸으며 조지는 그간 자기에게 벌어졌던 일들을 아내에게 조근조근 들려주었다. 그리고 아내와도 시간을 내어 서로에게 있었던 성공의 경험을 나누기로 약속했다.

그날 복도에서 만난 상사도 지적해주었듯이 아내 역시 '조지의 표정이 너무나도 달라졌다.'며 기뻐하는 모습이었다.

늦은 밤 조지는 침대에 누워, 오늘 읽은 골프 이야기를 팀원들에게 들려주면 어떨까 생각했다. 부정적인 태도를 버리고 긍정 에너지를 키우는 데 집중해야 할 사람들은 그 누구보다도 바로 그의 팀원들이기 때문이다.

14

에너지 버스 티켓

우리 주변에 있는 사람 중에
과연 몇 명이 기꺼이 내 버스에 타고 있을까?

금요일.

누구나 좋아하는 금요일이기도 하지만, 오늘은 유달리 조지의 기분이 좋다. 그는 마치 이제 막 발령 받은 신입사원처럼 경쾌하고 가벼운 걸음걸이로 버스에 올랐다.

"오늘은 아주 기분이 좋아 보이네요, 조지?" 조이가 예의 그 환한 미소를 지으며 물었다.

"글쎄요, '감사하며 걷기' 덕택인가 봐요. 어제 주신 책 중에서 그 연습을 중점적으로 해봤거든요. 정류장까지 오면서도 감사할 일들을 꼽아봤답니다. 어제 회사에서도 하고 저녁때 집에서도 했는데, 정말 효과가 있는 것 같아요."

"그래요, 긍정적인 개에게 먹이를 주는 방법을 터득했군요. 축하해요. 이제 다음 룰로 넘어가도 되겠네요, 조지. 당신이 그렇게 궁금해하던 '팀'에 관한 얘기를 시작할게요. 이제 당신 팀이 사활을 걸고 준비할 신제품 런칭 준비와 프레젠테이션이 성공할 수 있도록 돕고 싶어요. 당신이 긍정 에너지로 흠뻑 채워졌으니, 이제는 그걸 팀원들과 나눌 차례예요. 프레젠테이션을 성공적으로 끝내고 싶다면 팀원들까지도 당신의 에너지 버스에 태울 필요가 있어요. 자, 대니. 네 번째 룰을 보여주겠어요?"

대니가 네 번째 룰이 적힌 종이를 꺼내들었다.

Rule #4

당신의 버스에 사람들을 초대하라.
그리고 목적지를 향한 당신의 비전에
그들을 동참시켜라.

"당신이 모는 버스에 다른 사람들을 초대해야 합니다. 물론 개중에는 탑승을 거부하는 사람들도 있을 거예요. 하지만 초대하지 않고서는 그들의 의사를 알 수 없어요. 당신의 버스에 동승자가 많을수록, 그 버스는 더 강력한 에너지를 뿜어내게 됩니다.

나중에는 좌석이 꽉 차서 입석만 남을 정도가 돼야 해요. 에너지 버스에는 수용인원의 제한이 없으니까 얼마든지 태울 수 있어요. 조지, 당신의 버스에 팀원들을 초대하세요. 당신 혼자 힘만으로는 신제품 런칭을 성공시킬 수 없을 테니까요. 팀원들과 함께 해내야 합니다. 내 말 뜻, 알겠죠?"

"네…." 그러나 내심 조지는 팀워크라고는 찾아보기 힘든 자신의 팀을 떠올리고는 심란해졌다. 하지만 조이의 말대로 이번 프로젝트는 자기 혼자의 힘만으로는 추진하기 벅차다는 사실 역시 잘 알고 있었다. 에너지 넘치는 팀원들이 똘똘 뭉쳐야만 이번 프레젠테이션을 성공적으로 끝낼 수 있을 터였다. 하지만 어떻게 해야 할지, 조지는 도무지 감이 잡히질 않았다. 그래서 조이에게 되물었다.

"저도 그 말씀에 전적으로 동감해요. 하지만, 어떻게 해야 할지 잘 모르겠어요. 방법이 있을까요?"

"그럼요, 버스 티켓을 발급하면 돼요." 조이가 별일 아니라는 듯이, 물병의 물을 들이켜며 대답했다.

조지는 갑자기 무슨 말인가 싶어 어안이 벙벙한 표정으로 조이를 쳐다보았다.

그때 조이의 뒷좌석에 앉아 있던 아담한 체구의 중년여성이 정중하게 말을 걸어왔다. "제가 좀 끼어들어도 될까요?" 흰머리가 듬성듬성 섞인 갈색 머리칼을 한, 인자해 보이는 여성이었다.

"당연하지요, 제니스 선생님!" 조이가 대답했다. "그 전에, 당신을 조지에게 소개할게요."

학교 선생님인 제니스는 에너지 버스의 룰을 자신뿐 아니라 동료 교사들과 학생들에게 가르쳐주고 실천함으로써, 큰 변화를 경험한 산증인이라고 했다. 그녀는 조이에게 배운 것을 한층 더 발전시켜서, 에너지 버스의 룰을 널리 알리고 '에너지 버스 티켓'을 발급해주는 웹 사이트를 만들기도 했단다.

제니스가 자신의 방법을 소개했다. "네 번째 룰을 통해서 조이는 주변에 있는 사람들을 제가 가진 비전에 열정적으로 동참하게 만드는 것이 얼마나 중요한지 가르쳐줬어요. 그래서 이렇게 나름대로 버스 티켓을 만들어보았답니다. 우리 웹 사이트에도 이 티켓을 발부해주는 코너가 있어요." 제니스는 승객의 이름이 빈칸으로 돼 있는 '에너지 버스 티켓'을 보여주었다. 거기에는 제니스가 가진 비전과 목표가 적혀 있고, 그 비전을 향해 가는 여행길에 함께 동참해 달라는 초청 메시지가 들어 있었다.

제니스가 말을 이었다. "이걸 만드는 방법은 아주 간단해요. 하지만 여기에 적힌 당신의 비전과 목표는 승객들을 설득할 만큼 간절하고 솔직한 것이어야 한답니다. 그리고 왜 그들이 당신 버스에 탑승하기를 원하는지 진솔하게 적어야 해요. 우리 학교에서는 이제 새로운 계획을 추진할 때면, 교장 선생님께서 교사들과 학부모들께 이 티켓을 만들어 보내곤 한답니다. 저처럼 웹 사이트를 이용하거나 이메일을 활용해도 돼요. 어떤 형식을 취하든지 상관없어요. 무엇보다 조지 씨에게 이 방법을 권하는 건, 제가 해보고 경험한 그 놀라운 효과 때문이에요."

제니스의 설명을 듣는 조이의 표정은 어느 때보다 상기돼 있었다. 조이는 신바람 나는 표정으로 설명을 덧붙였다. "사람들을 당신 버스에 타게 하는 가장 좋은 방법이 바로 이거예요. 당신이 간절히 원하는 목적지를 말해주고 그곳으로 함께 가자고 말하는 것이지요. 비전을 공유하는 거예요. 당신이 머릿속으로 그리는 제품 런칭의 모습, 팀원들이 자기 의견만 주장하거나 서로 충돌하지 않고 함께 합심하기를 바라는 마음, 그런 걸 확실하게 표현하세요. 당신이 가고자 하는 길에 대한 비전을 명확하게 제시하지 않으면, 아무도 당신의 여행에 동참하려 하지 않을 겁니다."

그러고 나서 조이는 구체적인 방법까지 세세히 알려주었다. 조이는 먼저 아무런 메시지가 적혀 있지 않은 버스 티켓을 팀원들에게 이메일로 보내라고 말했다.

"그러면 자연스레 팀원들의 호기심을 유발할 수 있을 거예요. 당신 얘기를 '들을 준비'를 하게 하는 거죠. 그런 후에, 한 사람씩 개별적으로 불러서 신제품 런칭에 관한 당신의 비전을 설명하세요. 그리곤 그 비전이 담긴 버스 티켓을 직접 건네는 겁니다. 마지막으로 이렇게 권하는 게 좋아요. '내 버스가 어디를 향해 달리려고 하는지, 내 비전이 무엇인지 알았을 것이니, 버스에 탈 준비가 돼 있다면 티켓에 자네 이름을 써서 월요일 아침 9시까지 제출해 주게.' 하고 말이에요."

조지는 속으로 은근히 기대가 되었다. 'NRG-2000의 런칭 프레젠테이션은 앞으로 일주일 남았고 월요일이면 버스에 탈 사람과 안 탈 사람을 가려낼 수 있을 테니, 타이밍이 기가 막히군. 게다가 다들 주말 동안 생각하고 준비할 시간도 확보되는 거잖아? 그래. 한 번 해보자.'

"아~ 참. 한 가지 더." 조지의 사무실 앞에 버스를 대며 조이가 말했다. " 당신 아내를 위한 버스 티켓도 준비하세요. 당신 자신과 결혼생활과 가족에 관한 비전도 얘기하고요. 당신의 목적지를 아내도 알아야죠. 잊지 말아요, 조지."

"잊지 않을게요. 꼭 그러죠."

월요일 이후 처음으로 조지는 타이어가 펑크 났던 일이 감사하게 여겨졌다. 그는 조이의 말대로 '모든 일이 다 이유가 있어서 일어나는 것일지 모른다.'는 생각을 했다. 그리고 그의 인생에도 참으로 오랜만에 행운이 깃들기 시작한 것이 아닐까 기대감에 젖었다. 그리고 이게 어쩌면 그를 둘러싼 상황이 좋아질 것이라는 강한 징조일지도 모른다는 생각이 들었다.

15

아주 긴 주말

누군가를 초대하였기에 기다림이 있다.
시련이 있었기에 용기와 의지가 빛을 발하는 것처럼.

토요일 오후.

조지는 거실에서 서성거리다가 탁자 위에 있는 〈타임〉 지를 발견하고는, 그것을 집어 들고 소파에 앉았다. 표지 인물은 미국에서 가장 존경받는 역대 대통령 중 한 명인 에이브러햄 링컨이었다.

소일 삼아 커버스토리를 읽어내려가던 조지는 그간 몰랐던 사실을 알고 깜짝 놀랐다. '9번에 걸친 선거에서의 대참패, 2번의 파산으로 인한 재정적인 고통, 약혼녀의 비극적인 죽음, 그리고 우울증과 신경쇠약으로 고통 받는 나날….' 이 모든 것이 48세의 나이로 대통령에 당선되기 전까지 링컨을 괴롭혔던 숱한 역경들이었다. 조지가 알고 있던 링컨의 모습과 사뭇 다른 것이었다. '그 많은 시련에도 불구하고 불굴의 용기와 강인함으로, 분열돼 있던 미국을 하나의 새로운 나라로 탄생시키고 역사의 방향을 바꿔놓은 링컨의 비전'. 그것이 오늘날의 미국을 만든 위대한 힘이었다.

조지는 통합이냐 파멸이냐의 갈림길 앞에 놓인 조국의 운명을 알지 못한 채, 기나긴 남북전쟁의 향방을 묵묵히 기다려야만 했던 링컨의 심정이 남의 이야기 같지 않았다.

'링컨 대통령도 지금의 나 같은 심정이었을까?'

시간이 흐를수록 어느 팀원이 버스에 탈 것이고, 어느 팀원이 타지 않겠다고 선언할지 더더욱 궁금해졌다. 이 직장에서의 전쟁과 위기, 그것을 극복해낼 용기와 강인함이 자신에게 있는지 초조하고 걱정되기도 했다. '내 앞에는 과연 승리가 기다리고 있을까, 패배가 기다리고 있을까…?'

조지는 지난 금요일, 내심 기대감을 갖고 팀원 전원에게 버스 티켓을 나눠주었다. 월요일이면 그들의 답장이 조지의 책상으로 속속 도착할 것이다.

〈타임〉 지 커버스토리 말미에 담긴 링컨 대통령의 말이 조지의 가슴을 적셨다.

나는 승리에 사로잡힌 사람이 아니라,
오직 진실에 사로잡힌 사람이다.

나는 성공에 사로잡힌 사람이 아니라,

내 안에 있는 빛에 사로잡힌 사람이다.

– 미국 16대 대통령, 에이브러햄 링컨

16

버스에 탄 사람은 누구?

3류 신파 드라마에서 주인공들은
대수롭지 않은 감정싸움으로 에너지의 대부분을
허비한다. 때로는 인생까지도 건다.

드디어 월요일 아침.

하지만 오늘은 지난 주 월요일과는 사뭇 달랐다. 조지는 불안하다기보다는 약간 흥분된 상태로 출근 준비를 했다. 오늘은 버스 티켓을 확인하고 싶은 마음에 조이의 버스를 타지 않고 30분 이른 차편을 타고 회사에 도착했다. 초조하게 시간이 흐르는 동안, 팀원들이 속속 출근을 했다. 조지는 팀원들의 표정을 살피며 누가 버스에 타줄 것인지 점찍었다. 이윽고 팀원들 한 명 한 명이 그의 방문을 두드리고는 자기 이름을 써넣은 버스 티켓을 그에게 건넸다. 때로는 수줍게, 때로는 응원메시지가 담긴 눈빛과 함께 티켓을 건네는 팀원들을 보고 조지는 용기가 샘솟는 것을 느꼈다. 하지만 9시가 다 되도록 팀원 중에서 세 사람은 그의 방문을 두드리지 않았다. 마이클, 베티, 그리고 호세가 그들이었다. 조지는 조금씩 초조해졌다.

9시 정각. 더 이상 참을 수 없었던 조지는 벌떡 일어나 사무실 유리창 밖을 내다보았다. 저쪽, 복도 끝에서 문제의 장본인인 마이클, 베티, 호세가 나란히 걸어오는 게 보였다. 그것을 보고 조지는 문제가 있다고 직감적으로 느꼈다. 벌겋게 달아오른 얼굴에 뭔가 결심을 한 듯한 표정으로 걸어 들어오는 그들의 손에는 버스 티켓이 들려 있지 않았다. 셋은 서로 말을 주고받았다가 조지의 사무실을 쳐다보았다 하기를 반복하며 걸어오고 있었다.

'혼자 들어오기가 겁나니까, 셋이서 마치 코요테 패거리라도 되는 듯 몰려오는군.' 조지는 속으로 생각했다.

셋은 방에 들어오자마자 조지의 책상 앞에 나란히 늘어섰다. 미리 무슨 말을 누가 먼저 할지 시나리오라도 짜고 들어온 모양이었다. 예상했던 대로, 가장 호전적인 팀원인 마이클이 말문을 뗐다.

"우리는 팀장님 버스에 타지 않겠습니다. 회사 소식통에 의하면 팀장님 버스는 얼마 못 갈 거라더군요." 찬바람이 쌩쌩 부는 목소리였다.

옆에 서 있던 베티가 소심한 목소리로 거들었다. "우리는 이 회사에 계속 다니고 싶어요."

조지가 정색을 하며 물었다. "우리라니, 지금 누구를 말하는 건가?"

"누구라니요, 모르시겠어요? 저희 셋 말입니다." 마이클이 대변인이라도 된 듯 말했다. "팀장님 버스는 곧 불길에 휩싸일 게 뻔한데, 누가 거기에 타겠답니까?"

옆에 서 있는 호세는 고개를 숙인 채 조지의 눈길을 피하고 있었다.

조지는 마치 예리한 단검으로 심장을 찔린 듯한 흉통을 느꼈다. 마이클과 베티야 평소에도 불만이 많았던 인물들이니 어느 정도 예상했지만, 호세의 경우는 너무나 의외였다. 성실하고 헌신적인 직원인 호세는 누구보다도 자신을 따르고 있다고 조지는 믿고 있었다. '호세보다도 훨씬 비협조적이었던 래리와 톰조차도 버스에 타겠다고 했는데, 호세가 이렇게 나오다니….' 실망이 이만저만이 아니었다.

자신 앞에 버티고 있는 독기로 가득한 코요테 세 마리. 그들을 보면서 조지는 말문이 막혔다. 동승을 거부하는 팀원들이 있을 거라고 예상은 했지만, 정작 어떻게 대응할지는 생각해두지 못했던 것이다. 막상 이렇게 되고 보니 적잖이 당황스러웠다.

"그래…. 어, 어쨌든 아, 알겠네. 돌아들 가봐." 조지는 그 말밖에 할 수 없었다.

팀원들이 방에서 나간 후, 조지는 후들거리는 두 손을 책상 아래로 떨구고 의자에 깊숙이 몸을 묻었다. '내 리더십 수준이 이 정도였다니….' 그는 이제까지 팀원들이 무슨 생각을 하고 있는지도 제대로 몰랐던 것이다. 그저 겉으로 유순해 보이고 자신의 말을 따르기만 하면 자기와 같은 생각을 하고 있을 거라고, 막연히 짐작할 뿐이었다. 그런 상태에서 무슨 일인들 제대로 될 수 있었겠는가?

그날 팀의 분위기는 엉망이었다. 래리와 톰은 회의시간 내내 서로 말다툼을 했고 다른 팀원들과도 사사건건 충돌했다. 두 사람은 무슨 사안에 대해서든 '안 될 이유'부터 늘어놓았고, 정작 해결책이나 대안은 제시하지도 못하면서 다른 팀원들의 아이디어를 비난하기 바빴다. 조지는 팀원들을 추스르려 애썼지만, 탑승을 거부한 세 사람 때문에 마음이 심란해 집중이 되지 않았다. 하지만 당장 그 세 사람을 어찌할 도리도 없었다. 마이클과 베티와 호세는 회의 내내 수동적인 자세로 임하면서 눈을 아래로 깔고 이따금씩 서로에게 눈짓을 보내고 있었다.

팀의 에너지는 최악이었다. 프레젠테이션은 겨우 나흘 앞으로 다가왔는데 조지의 버스는 여전히 진창에 빠져 오도 가도 못하고 있었다.

17

가장 큰 적은 '부정성'

긍정적인 개에게 자꾸만 먹이를 주지 않으면,
회의, 두려움, 절망 같은 부정성이
끝내 당신의 꿈을 갉아먹을 것이다.

화요일 아침.

조지는 축 처진 어깨를 하고 버스정류장에 서 있었다. 전투에 패배해 부하를 모두 잃은 장수도 그런 표정은 아니었을 듯싶다. 이제껏 자신을 도와주려 애쓴 버스 승객들을 볼 면목이 없었다. 하지만 어제 있었던 일을 모두 털어놓고 조언을 듣고 싶은 생각도 굴뚝같았다. 하지만 오늘은 조이가 나오지 않는 날이다. 11번 버스가 도착하자, 조지는 땅이 꺼져라 한숨을 내쉬며, 힘없이 버스에 올랐다.

"이봐요, 조지. 미소요, 미소!"

익숙한 음성을 들은 조지는 깜짝 놀라 운전석을 돌아봤다. 거기에는 평상시와 다름없이 조이가 함박웃음을 웃으며 앉아 있었다.

"어떻게 된 거예요? 오늘은 안 나오시는 줄 알았는데." 그녀를 보자 그간의 서러움에 눈물이 왈칵 쏟아질 것 같았다.

"혹시나 싶어 오늘은 간병인과 교대했어요. 어제 일이 어떻게 됐는지 궁금해서 견딜 수가 있어야죠. 내가 잘 나온 것 같네요, 당신 표정을 보니. 무슨 일이 있었군요?"

조이는 '에너지 버스의 룰'을 배워가는 동안, 조지처럼 도중에 좌절을 경험하고 마치 세상이 끝나기라도 한 듯 패배자의 표정을 짓는 이들을 이제까지 많이 보아왔다. 그러나 그것은 오히려 여행이 제대로 되고 있다는 증거이기도 했다. 인생의 커리큘럼을 충실히 수행하다 보면 당연히 맞닥뜨리게 되는 필연적 과정이기 때문이다. 마치 자전거 타기와 같다. 자전거를 처음 배울 때는 넘어지고 자빠지게 마련이다. 몸 여기저기에 생채기도 나고 다시는 자전거를 탈 수 없을 것처럼 두려워지기도 하지만, 그렇게 타는 법을 익히고 나면 더 큰 자신감을 갖고 쌩쌩 달릴 수 있게 되는 것이다. 조이는 그가 빨리 다시 운전대를 잡을 수 있게 도와주고 싶었다. 시간이 얼마 안 남아 있기도 했다.

"조지, 얘기해봐요. 지난주만 해도 날아갈 것 같던 천하의 조지는 어디로 간 거예요?"

조지는 버스에 타기는 했지만 골칫덩어리인 래리와 톰, 그리고 믿었던 호세로부터 버스에 타지 않겠다는 선언을 듣고 받았던 충격을 떠올렸다. "레프트 잽 두 방에 라이트 훅 한 방. 완전히 녹다운이에요."

"그럼 다시 일어나 싸워야지, 그렇게 뻗어 있는 거예요? 인생은 언제나 우리에게 라이트 훅을 날려요. 중요한 건, 다시 일어나는 거예요. 영화 '록키'의 주인공처럼 말이에요."

'록키'는 조지가 제일 좋아하는 영화였다. 자신의 대학 입학 에세이에도, '역경과 고난, 그것을 극복하고 자신과의 싸움에서 승리한' 록키의 주인공 이야기를 썼었다. 하지만 그건 어디까지나 영화 속 이야기일 뿐이다.

"영화에서야 주인공이 맘먹는 대로 될 수 있죠. 완전히 만신창이가 됐다가도 다시 일어나 싸우고…. 하지만 현실은 달라요. 전 완전히 KO패 했어요."

"조지, 당신답지 않게 왜 그래요? 이제까지 잘해왔잖아요. 계속해서 시도를 하는 한 패배란 없어요. 우는 소리 하지 말고, 고개를 빳빳이 들고 앉아봐요. 이제 당신이 버스를 계속 달리게 할 수 있도록 근력을 길러야 할 때가 왔군요. 자, 당신에게 한 방 먹였다던 레프트 잽과 라이트 훅에 대해 좀더 얘기해봐요."

조지는 어제 있었던 일에 대해 들려주었다. 버스 티켓을 발부했지만 타지 않겠다고 선언하고는 내내 사보타주를 하고 있는 세 마리의 코요테 이야기, 그리고 버스에 타겠다고는 했지만 여전히 팀에서 가장 골칫거리인 래리와 톰의 행동에 대해서. 그리고 그들이 어떻게 팀의 분위기를 망쳐놓았는지에 대해서.

조이가 혀를 끌끌 차며, 한마디로 사태를 정리해주었다. "문제는 '그 사람들'이 아니에요."

당황한 조지가 되물었다. "그럼 뭐가 문제란 말입니까?"

"어제 벌어진 사태를 '스토리'로 만들어서 편을 가르지 말아요. 그렇게 해서는 상황을 정확히 판단할 수 없답니다. '부정성(negativity)' 자체에 집중하세요. 부정적 에너지는 언제 어디에나 있어요. 그 부정성이 사람들을 통해서 태도나 생각으로 나타납니다. 그러니 부정적인 '사람'이라 규정하지 말고, 그들이 표출하는 '부정성' 자체에만 포커스를 맞추세요."

좌석 뒤쪽에 앉아 있던 마티가 검색 결과를 큰소리로 이야기해주었다. "미국에서만 부정성에 감염된 2,200만 명의 근로자들이 연간 3,000억 달러(한화 약 300조 원–옮긴이)에 달하는 생산성을 갉아먹는답니다."

조이가 다시 말을 받았다.

"부정성은 생산성만 갉아먹는 게 아니라 사람까지도 갉아먹는답니다. 부정적인 에너지는 회의적인 생각, 두려움, 절망 같은 형상을 하고는 사람들 안에 똬리를 틀고, 그들의 내면을 고갈시켜요. 그렇게 함으로써 사람들이 원하고 꿈꾸는 것에 도달할 수 없게 방해하죠. 조지, 당신 안에도 그런 부정적인 에너지는 있답니다. 다른 사람들도 모두 그렇죠. 긍정적인 개에게 자꾸만 먹이를 주지 않으면, 부정성은 점점 더 자라게 마련이에요."

"하지만 제 버스에 탄 그 친구들은 너무 부정적인 사람들이에요. 또 버스에 안 타겠다는 팀원들 중에도 부정적인 사람들이 있고요. 하지만 그들이 문제가 아니라 제가 내놓는 비전이나 방향이 틀렸기 때문은 아닐까요? 그렇지 않다면 그 친구들이 저리 강하게 제게 반대할 이유가 있겠어요? 솔직히 혼란스러워요." 조지는 고개를 절레절레 흔들었다.

"조지, 우선 짚고 넘어가야 하겠군요. 문제를 사적인 것으로 보지 말아요. 내게 반대하느냐 찬성하느냐의 기준이나, 내게 고분고분하냐 반항적이냐 하는 관계의 문제로 보지 말고, 한걸음 물러나서 보세요. 래리나 마이클, 호세, 그런 이름도 머릿속에서 지우세요. '인간관계'의 문제에 집중하지 말라는 얘기예요. 다만 그들이 뿜어내는 부정 에너지만 인식하세요. 그러면 당신이 혼란스러워하는 것에 대한 답이 보일 거예요. 부정 에너지에 완전히 감염된 사람과 현재는 부정성을 표현하고 있지만 동참의 여지가 있는 사람이 가려질 거란 말이죠. 그리고 그런 부정성이 뿌리를 내릴 수 있도록 방치해둔 당신의 리더십의 문제도 발견될 거예요. 그런 바탕 아래서 차근차근 살펴보죠. 먼저 당신의 버스에 타지도 않으면서 부정성을 표출하는 사람들을 어떻게 해야 할지 살펴봅시다. 대니, 이제 다섯 번째 룰을 보여줄 차례예요."

Rule #5

버스에 타지 않은 사람들에게 에너지를 낭비하지 마라.

"어때요, 간단하죠? 당신의 버스에 탄 사람도 있고 타지 않는 사람들도 있어요. 그런데 사람들은 흔히 버스에 탄 사람보다 타지 않은 사람들 때문에 더 초조해하죠. 일단 버스 밖에 있는 사람들은 신경 쓰지 마세요. 그들에게 에너지와 시간을 낭비할 필요가 없다고요. 억지로 태우려고 할 필요도 없고, 그들의 버스를 대신 운전해주려 애쓸 필요도 없어요. 어차피 그럴 수도 없을 뿐더러, 당신의 버스를 운전하는 일이 급선무니까요."

조이의 말을 듣고 보니 상황이 아주 간단해 보였다. "무슨 뜻인지 알겠어요. 저는 뻑하면 집사람 버스를 가로채 운전하려 했었죠. 아내가 그걸 끔찍이도 싫어한다는 걸 금세 깨달았지만…."

버스 안의 승객들이 동감한다는 듯 폭소를 터뜨렸다. 조이가 이야기를 계속했다.

"맞아요. 누구든 자기 인생에 대한 결정은 자기 스스로 내려야 한답니다. 당신의 버스에 타지 않겠다는 사람들 때문에 불쾌해하거나 화를 내며 시간을 낭비할 필요가 없어요. 그런 선택을 감정적으로 받아들일 필요도, 개인적인 모욕으로 받아들일 필요도 없고요. 그들이 타야 할 버스는 어디 다른 데 있을지도 몰라요. 게다가 그들을 억지로 태워봐야 오히려 당신 버스의 운행을 방해만 할 뿐이죠."

조지는 그 말에 전적으로 공감했다.

"게다가 그런 사람들한테까지 일일이 신경 쓰다 보면, 정작 당신 버스에 타고 있는 사람들에게 쏟아야 할 에너지를 뺏기게 돼요. 또, 버스에 초대해야 할 더 멋진 승객들을 놓칠 수도 있고요. 이런 법칙을 가장 잘 아는 사람들이 아마 세일즈맨일걸요. 그들은 애초에 제품에 관심이 없는 사람에겐 매달리지 않아요. 그들에게 매달리다 보면, 정작 새로운 고객에게 투자할 에너지를 잃게 되거든요. 버스에 타지 않겠다는 사람들은 그냥 정류장에 내버려두세요."

조지는 자신이 중대한 실수를 했다는 걸 깨달았다. 세 마리 코요테들한테 온통 신경 쓰느라, 버스를 타겠다고 한 사람들에 대해 까맣게 잊고 있었던 것이다. 또 거기에 에너지를 빼앗겨 몸도 마음도 지쳐서 버스를 운전할 여력도 없었다.

"아, 정말 그렇군요. 제 머리를 쥐어박고 싶네요. 이제 어떻게 해야 할지 알 것 같아요. 그럼 제 버스에 이미 탔는데도 지독하게 부정적인 태도로만 일관하는 사람들은 어떻게 하면 되죠?"

조지는 래리와 톰을 떠올리며 물었다. 두 사람 생각만 해도 살

갖에 미세하게 소름이 돋았다.

조이라면 방법을 알고 있을 것 같았다.

18

'에너지 뱀파이어' 탑승 금지

암운을 드리우는 그림자와 결별하는 방법은
그것을 내리쬐는 따사로운 햇빛을 철저히 차단하는 것이다.

"부정적인 태도라…. 조지, 이 대목에서 난 좀 직설적으로 말할게요. 세상에 만연해 있는 부정 에너지를 다루기란 만만치 않아요. 모질다 싶을지 몰라도 과감한 과단성이 필요하죠. 부정 에너지는 그렇게 하지 않으면 잘라내기 힘들어요. 우리가 인생에서 행복과 성공을 맛보기 위해서는 우리 주변을 긍정적인 사람과 긍정 에너지로만 가득 채워야 합니다. 누구도 고립무원에서 자기 혼자 성공할 수 없어요. 그러자면 파트너와 조력자를 신중하게 선별해야 하죠. 성공하고 싶다면, 버스에 태울 사람들을 신중하게 고르세요. 자, 잘 들어요. 우리 주변에는 우리에게 에너지를 더해주는 사람도 있고, 에너지를 빨아먹는 사람도 있어요. 후자를 나는 '에너지 뱀파이어'라고 부릅니다. 이들을 그냥 내버려두면 우리의 생명령을, 목표와 비전을 차츰차츰 갉아먹지요. 이들은 버스의 연료를 줄줄 새게 만들고, 타이어에 구멍을 내며, 버스 여행을 끔찍한 악몽으로 둔갑시킵니다. 하지만 조지, 잊지 마세요. 개인적인 감정으로 그들을 바라볼 필요는 없어요. 그들은 세상에 만연해 있는 부정 에너지에 너무나 오랫동안 노출돼 감염된 사람들일 뿐이니까요. 단, 현재의 모습을 버릴 의지가 없는 뱀파이어들은 절대 내 버스에 발을 들여놓지 못하게 하겠다고 결심하세요. 여기에 동정이 끼어들 틈은 없어요. 이 원칙은 사생활에서도 마찬가지로 적용돼요. 불평투성이인 데다가 '그런 게 뭐 되겠어?' 하고 사사건건 부정적으로 나오는 친구들은 아예 멀리 하는 게 좋아요. 자, 그럼 이제 여섯 번째 룰을 소개할까요?"

Rule #6

당신의 버스에 '에너지 뱀파이어 탑승 금지' 표지판을 붙여라.

"'부정적인 사람은 절대 탑승 금지'라고 말할 수 있어야 합니다. 나는 이러이러한 목적지를 향해 달릴 거니까 긍정적인 자세로 협력할 수 있는 팀이 필요하다고 분명히 말하세요. 누구를 막론하고 부정적인 사람은 정류장에 남거나 도중에 버스에서 내려야 한다고요."

이 말을 들으며 조지는 래리와 톰, 마이클, 베티, 호세가 정류장 벤치에 앉아, 그의 버스가 붕~ 하고 떠나는 것을 멍하니 바라보는 장면을 그려보았다. 내심 속이 다 시원하다는 생각이 들었다. 하지만 조지는 그런 일을 감행할 인물이 못 됐다. 엄하게 대하는 정도라면 모르지만 버스에서 내리게 하다니, 엄두가 나지 않는 일이었다.

조지의 마음을 읽기라도 한 듯 조이가 다시 설명했다. "우선, 에너지 뱀파이어인 래리와 톰을 불러서 눈을 똑바로 보며 이렇게 말하세요. '내 버스에 부정적인 사람은 필요 없네. 긍정적인 태도로 내가 제시한 비전을 따라올 생각이 없다면 당장 버스에서 내려주게. 다른 직장을 알아보는 게 좋을 거야.' 하고요."

"그건 너무 가혹한데요." 조지가 말했다.

"나도 알아요. 하지만 이 상황에서는 정말 냉철해질 필요가 있답니다. 그들에게 마음을 바꿀 기회를 주세요. 대신 그들이 그 기회를 거부한다면, 망설이지 말고 버스에서 내리게 하세요. 그렇지 않으면 그들 때문에 결국 버스 여행을 망칠 거예요."

"그럼, 처음부터 내 버스에 타지 않겠다던 코요테 세 마리는 어쩝니까?" 조지가 물었다.

"그들도 불러서 얘길 하세요. 버스에 탈 수 있는 기회를 한 번 더 주세요. 만일 이번에도 초대를 거절하면, 팀의 런칭 회의에 참석시키지 말아요. 회의뿐 아니라 프로젝트와 관련된 어떤 일에서도 배제시키세요. 이번 제품 프레젠테이션이 끝나고 나면, 당신은 앞으로 팀원들을 어떻게 관리해야 할지 터득하게 될 겁니다."

조지는 조이의 말을 충분히 이해했다. 지금 용기를 내 마음을 다잡는다면, 궁극적으로 에너지 뱀파이어들에게 휘둘리지 않고 팀을 단결의 길로 이끌어갈 수 있을 것이라는 확신이 들었다. 조이는 확신에 차 있는 조지를 위해, 마지막으로 중요한 조언을 해 주었다.

19

긍정 에너지를 위한 궁극의 법칙

에너지 뱀파이어들이 당신의 버스를
공격하지 못하게 하는 최선의 방법은
당신 버스의 에너지 지수를 한껏 높이는 것이다.

"잊으면 안 되는 중요한 한 가지가 있어요. 너무너무 중요해서 10가지에 포함시키지 않은 특별한 룰이죠. 에너지 룰 중에서도 제1순위랍니다. 자, 받아 적으세요."

조지는 펜과 종이를 꺼내 들고 조이의 말을 기다렸다.

"이 가장 특별한 룰은 당신 자신에 관한 거예요." 조이의 표정은 진지했다.

"당신이 가진 긍정 에너지와 비전이 다른 누구의 부정 에너지도 이겨낼 만큼 강해야 해요. 당신의 확신과 믿음이 다른 이들의 어떤 회의와 의심도 부숴버릴 만큼…. 모든 사람이 당신의 비전에 동참하지는 않아요. 의심이나 회의적인 태도로 빈정대면서 '네가 할 수 있을 것 같아?' 하고 비웃는 사람들이 꼭 있을 거예요.

그들은 '꿈을 이룬다는 건 나나 우리가 아닌 누군가 다른 사람들의 얘기야. 우리 주제에 감히 무슨 성공….' 하는 생각에 젖어 있어요. 심지어 당신이 실패하기를 바라는 사람들도 있죠. 당신이 성공해버리면 자신들은 나약한 실패자가 되니까, 그들은 어떻게든 당신의 버스를 방해하려 안간힘을 씁니다. 이미 자신의 버스 운전대는 놓아버린 사람들이죠.

그렇기 때문에 당신이 가진 긍정 에너지가 더더욱 중요한 거예요. 언제든 당신 버스에 올라타려 하는 '에너지 뱀파이어들'의 등을 떠밀어 버스에서 몰아낼 힘을 가져야 해요. 승객 중에 부정에너지를 가진 사람이 더 많을 수도 있고, 때로는 당신 윗사람이어서 쉽게 등을 떠밀어버릴 수 없는 뱀파이어도 있을 거예요. 하지만, 당신은 그들까지도 다룰 수 있을 정도로, 매일 긍정적인 개에게 먹이를 주어 건강하게 키워야 한답니다.

내가 '에너지 북'을 준 것도 그런 이유예요. 하루만 반짝하는 건 아무 의미가 없어요. 습관이 돼야 해요. 긍정 에너지는 사용하면 할수록 더 단단해지는 근육과 같습니다. 그 근육이 단단해질수록 당신에겐 더 커다란 힘이 생기죠. 습관처럼 반복하세요. 하루하루 긍정 에너지에 집중할수록 자연스럽게 몸에 익을 거예요. 그래야 부정적인 사람이 당신을 공격해올 때 막아낼 수 있어요. 필드 플레이를 많이 할수록 훌륭한 골퍼가 되듯이, 자꾸 연습해야 긍정 에너지를 잘 활용하게 돼요. 부정 에너지를 물리칠 수 있는 힘을 키워야 합니다. 내가 해줄 얘기는 여기까지예요. 잊지 마세요."

조지는 그녀의 말에 토를 달 수 없었다. 백번 옳은 말이었다. 조지가 가진 긍정 에너지는 아직 부족하기 짝이 없었다. 그래서 버스에 타지 않겠다는 팀원들 때문에 그렇게 흔들렸던 것이다. 자신에 대한 확신도, 비전에 대한 집중도 아직 미약했다. 조지 자신이 나약했기 때문에 에너지 뱀파이어들의 말과 태도에 흔들린 게 분명했다.

'그래. 오늘에야말로 버스의 방향과 움직임이 확실하게 정해질 거야.'

모든 것은 그에게 달렸다. 좀더 확고하게 밀어붙여야 한다. 조지는 오늘은 어제와 다르게 행동해야겠다고 마음을 다잡았다. 이런 생각을 하며 버스에서 막 내리려 할 때 조이가 그의 어깨를 잡았다.

"아~ 참, 잊을 뻔했네요. 이 돌멩이를 받아요."

"이게…, 뭐죠?" 조지는 돌멩이를 받아들며 물었다.

"까맣고 볼품없는 돌이지만, 아주 특별한 물건이에요. 내 스승님이 주셨던 거죠. 그분은 이것을 내게 주시며 말씀하셨어요. '이 돌멩이 안에는 값진 보물이 담겨 있다. 그걸 알게 되는 순간, 네가 가지고 있는, 그리고 네가 만나는 모든 이들이 내면에 간직한 값진 보물을 찾게 될 거다.'라고요. 이제 이걸 조지 당신에게 줄게요."

"아니, 그런 소중한 걸 제게요? 제가 이걸 어떻게 써야 하나요?"

"일단 호주머니에 넣고 있어요. 그리고 당신 안의 확신이 흔들릴 때 들여다보면서, 내가 해준 말을 떠올리세요. 돌멩이 안에 보물이 있다는 말을요. 당신과 당신 팀이 가진 보물을 꼭 찾아내길 바랄게요!"

20

조지, 자신의 버스를 컨트롤하다

긍정 에너지를 키우기 위해서는
현재 자신의 상태를 직시할 필요가 있다.
어느 근육을 얼마나 키워야 할지 점검해야 하는 것이다.

사무실에 도착한 조지는 가장 먼저 래리를 불렀다. 조이의 말대로 버스의 움직임을 방해하고 있는 에너지 뱀파이어들을 하나씩 처리할 참이었다. 조지는 이들에 대해서 빨리 조치를 취해야 한다는 사실을 이제 잘 알고 있었다. 그의 팀은 이미 정확한 방향을 가리키는 나침반을 확보하고 있었고, 그 방향을 향해 돌진하려면 그 어느 때보다 집중력과 긍정 에너지가 필요했다.

책상 앞에 앉아서 래리를 기다리는 동안, 그는 약간의 두려움이 섞인 묘한 긴장감에 휩싸였다. 대학 시절, 중요한 하키 경기를 앞두고 있을 때의 느낌과 비슷했다. 명치끝이 묵직해오면서 짐짓 초조하면서도 언제든 튀어나갈 준비가 돼 있는 고무줄처럼 팽팽해진 상태. 관중의 함성 소리와 기대감이 치솟을수록, 패배하면 어쩌나 하는 불안감과 승리의 환호성을 지를 수 있을 거라는 자신감이 동시에 교차했다. 너무나도 익숙한 감정이었다. 그때마다 조지는 살아 있다는 쾌감에 전율했고, 그것은 곧 경기에 임할 마음의 준비가 돼 있다는 뜻이기도 했다. 그런 긴장감 덕분에 훌륭한 경기 결과를 얻은 적도 많았다. 조지는 생각했다. '오늘 다시, 나의 경기가 시작되는군.' 아주 오랜만에, 살아 있다는 느낌이 들었다.

래리가 방으로 들어왔다. 조지는 그가 불평불만과 부정적인 말들을 내뱉기 전에 먼저 재빨리 선제공격을 했다. 그는 단도직입적으로 말했다.

"불평과 불만으로 가득 찬 자네의 부정적인 태도를 이제 더 이상 참아줄 수 없네. 긍정적인 태도로 내 버스가 달리는 데 협조할 생각이 없다면, 버스에서 내리게. 오늘 당장."

래리는 평소와 다른 조지의 직설적인 말투에 깜짝 놀랐지만, 이내 조지의 강력한 선언이 자신에게 어쩌면 필요한 처방이라는 것을 받아들였다. 내심 '한도'에 다다랐다고 느낄 만큼 그간 자신이 팀원들에게 빈정대는 태도만 보였다는 사실을 인식하고 있었던 것이다. 래리는 자신에게는 이 직장이 꼭 필요하며, 조지의 지시대로 태도를 바꾸겠다고 약속했다.

하지만 톰의 경우는 달랐다. 톰은 매사에 삐딱했을 뿐 아니라, 특히 성격 상의 차이 때문에 조지를 싫어했다. 조지와 톰, 둘 다

상대방이 서로를 싫어한다는 사실을 알고 있었다. 하지만 이건 개인적인 관계의 문제가 아님을 조지는 잘 알았다. 팀의 사활이 걸린 상황이었고 NRG-2000 런칭의 성패가 달린 문제였다.

"톰, 나는 자네가 팀에 남아주길 원하네. 하지만 우리 목표를 향해 달리는 데 자꾸 방해가 된다면 자네를 더 이상 용인할 수가 없어. 다른 팀원들한테 부정적인 영향을 끼치는 걸 팀장으로서 가만둘 수 없다는 말이야."

"지금 무슨 말씀하시는 겁니까?" 톰이 강하게 대들었다. "팀을 망치고 있는 건 바로 팀장님입니다. 우리 팀이 문제를 겪고 있는 것은 제가 아니라 팀장님 때문이에요. 회사 안에서 팀장님에 대한 평판이 어떤지 모르시는군요. 개인적 능력은 뛰어난지 모르겠으나, 리더십에서는 문제가 있다고 다들 수근댄다고요. 팀의 성과가 자꾸 떨어지는 것도 그 때문 아닙니까? 게다가 예전부터 팀장님이 절 안 좋아했다는 거, 저도 압니다. 제가 팀에서 주목 받는 게 내심 싫으신 거죠? 그래서 이렇게 몰아내지 못해 안달이시군요. 하지만 우리 팀에는 저처럼 재능 있는 사람이 필요합니다. 더 하실 말씀 없으면 전 이만 자리로 돌아가서 일이나 하겠습니다."

조지는 온몸의 힘이 쫙 빠졌다. 마치 톰이 그의 안에 있던 에너지를 모조리 빨아 삼키기라도 한 듯, 한없이 무력하게만 느껴지고 수분을 모두 빼앗긴 화초처럼 와르르 가루가 되어 부서지는 기분이었다. 무슨 말을 해야 할지 머릿속이 캄캄해졌다.

"그럼 왜 내게 버스 티켓을 제출했나?" 조지가 간신히 입을 뗐다.

"팀장님 버스가 폭발하는 걸 제일 앞좌석에서 보고 싶어서요." 톰은 이를 드러내며 웃었다. "아시잖아요, 어차피 그렇게 될 거라는 거. 버스가 폭발하면 새 팀장님 밑에서 이제까지의 업무를 인계하고 보좌할 사람이 필요할 겁니다. 그때 아수라장이 된 팀을 수습할 사람이 저밖에 없기도 하고요."

예상은 했었지만, 이 정도일 줄은 몰랐다. 패닉 상태가 된 조지는 초조해하며 빈 재킷 주머니 속을 더듬었다. 그때 조이가 건네주었던 돌멩이가 손에 잡혔다. 그는 돌멩이를 꺼내 만지작거리며 애써 무슨 말을 해야 할까 머릿속 사전을 뒤지고 있었다. 톰이 이렇게까지 자기를 몰아붙일 거라고는 예상하지 못했던 것이다.

"그건 뭐죠? 애완 돌멩이라도 되나보죠?" 톰이 빈정대듯 물었다.

조지는 돌멩이를 들여다보며 '자기 안의 보물을 찾으라.'는 조이의 말을 떠올렸다. 그리고 '당신 자신이 가진 긍정적인 에너지가 강하지 못하고 비전에 대한 확신을 갖지 못할 때, 에너지 뱀파이어들을 상대할 힘 역시 없다.'는 그녀의 말을 떠올렸다. 조지는 지금 프로젝트의 성공을 돕는 데도 관심이 없고 상황을 바로 잡으려 애쓰는 팀장을 도와줄 마음 역시 눈곱만큼도 없는 거만한 에너지 뱀파이어로 하여금 모욕적인 말을 퍼부으며 자신을 비난하도록 방치하고 있었다. 지금 조지의 태도는 요 몇 년간 그에게 주어진 상황을 무기력하게 받아들였던 태도와 하나도 다르지 않았다. 매일 매일의 삶이 그를 녹다운시켰고 자신감은 점점 움츠러들었다. 시간이 갈수록 만족스러운 자신이 아니라 가엾고 딱해 보이는 자신의 모습과 마주했었다. '오늘만은 약해지지 않겠다고, 확고하고 강인한 사람이 되겠다고 굳게 마음먹지 않았던가? 그런데 지금 또다시 약해진 모습으로 녹다운되기 직전이 되어버렸는가? 또 이렇게 무너지는가, 또….'

'이제 아니야. 난 돌아가지 않을 거야. 이제 그만~!!!!!' 조지는 마음속으로 외치며 손안의 돌멩이를 있는 힘껏 움켜쥐었다.

그때였다. '이제 그만!'이라는 마음속 선언이 그의 몸을 휘감은 에너지를 일순간에 바꾸어놓았다. 그 기운이 얼마나 강했던지, 앞에 서 있던 톰도 흠칫 놀라 뒤로 주춤 물러설 정도였다.

'이제 더 이상 다른 사람이나 세상한테 두들겨 맞기만 하는 샌드백이 되지 않을 거야.' 조지는 톰의 눈을 똑바로 응시했다.

"자넨 내가 여기 이렇게 앉아서 그 가당치도 않은 말들을 가만히 듣고만 있을 거라고 생각했나?"

톰이 채 뭐라 대답하기도 전에 조지가 다시 말을 이었다.

"자네가 그렇게 재능 있다고 생각해? 그래, 재능이 있다 치세. 그렇다면 이번 프로젝트에서 그 알량한 재능을 발휘해 무엇을 했나? 말꼬리 잡고 빈정대기? 대안도 없는 끝없는 비난? 아무리 세상의 재능을 다 가졌다고 해도 자네처럼 부정적이고 거만한 태도를 가진 팀원보다는, 실력은 좀 부족하더라도 같은 방향과 목표를 향해 달릴 수 있는 팀원을 택하겠네. 자넨 내 버스가 불에 타든 벼랑에 떨어지든, 그때 사태를 어떻게 수습할까 걱정할 필요 없네. 자네는 이미 거기 없을 테니까. 자넨 해고야."

평상시와 다른 조지의 강경한 태도, 그리고 '해고'라는 극단의 통지 앞에 톰은 충격으로 할 말을 잃었다. 그리고 얼굴이 붉어지더니, 아무 말 없이 문을 쾅 닫고 나가버렸다.

'에너지 뱀파이어 하나가 떨어져나갔군.'

조지는 톰과의 대화 때문에 흥분이 가시지 않아 자리에서 발을 뗄 수가 없었다. 쉽진 않았지만 옳은 결정이었다. 톰은 능력이 뛰어난 팀원 중의 하나였고 그 때문에 조지는 오랫동안 그의 부정적인 태도를 묵인해왔다. 하지만 오늘 톰을 해고한 건 꼭 필요한 일이었고 덕분에 팀워크는 훨씬 좋아질 것이다. 조지는 강한 자신감과 홀가분한 기분을 느꼈다. 어깨를 무겁게 짓누르던 커다란 짐을 훌쩍 내려놓은 느낌이었다. 그는 손안의 돌멩이를 쳐다보고 다시 주머니에 넣으면서, 조이가 생각나 미소를 지었다. 아주 오랜만에 자기 자신이 자랑스러웠다.

이제 세 마리의 코요테 차례였다. 조이는 버스에 타지 않겠다는 사람들을 팀 업무에서 제외시키라고 조언했었다. 그런데 마이클의 경우는 따로 부를 필요도 없었다. 톰에게 해고 통보를 한 것이 이미 알려졌는지, 마이클이 잔뜩 상기된 표정으로 조지의 방으로 성큼성큼 들어왔던 것이다. 그는 '톰을 해고한 건 큰 실수이며 조지의 버스는 조만간 불길에 휩싸일 것'이라고 말했다. 조지는 그런 마이클에게 역시 자신의 버스에 타기 싫으면 떠나라고 강하게 못 박았다. 자기 의지를 굽힐 줄 모르는 완강하고 자존심 센 마이클 역시, 차라리 다른 버스를 타겠다며 방을 나갔다.

아침부터 연이은 설전을 치른 조지는 그다음은 누굴까 궁금했다. 평상시 그는 팀 내에서 갈등을 빚거나 언성을 높이며 싸우는 것을 무척이나 싫어했다. 그러니 직원을 해고하는 일, 더더군다나 팀원을 두 명이나 탈락시킨다는 것이 분명 기분 좋은 일은 아니었다. 하지만 팀의 비전을 위해서는 마음을 굳게 먹기로 했다. 과감하게 결단을 내리지 못하고 주춤거리다가 실패하는 것보다는 나으니까. 얼굴을 붉히며 언성을 높이는 일이 없기를 내심 바랐지만, 필요하다면 앞으로 남은 베티나 호세와도 싸울 준비가 단단히 되어 있었다.

일단 베티를 불렀다. 버스에 타지 않겠다면 회사를 떠나는 방법밖에 없다는 강경한 말에 그녀는 다행히 버스를 타겠다고 의사를 밝혔다. 하지만 베티가 뒤이어 덧붙인 말은 조지에게 강한 충격을 던져주었다.

"어차피 팀장님 버스에 타기로 했으니까 제가 생각하던 걸 솔직히 말씀드릴게요. 제가 내성적이라 이제까지는 한 번도 터놓고 말씀드린 적이 없었지만, 이건 그냥 투정이 아니라, 솔직한 제 심정이에요. 팀장님 밑에서 일한 지도 벌써 여러 해 됐잖아요. 그런데 팀장님이 그동안 얼마나 달라졌는지 모르시죠? 시간이 갈수록 팀장님께서 점점 자신감을 잃어가는 모습이 저희에겐 보여요. 겉으로는 강한 척하시지만 저희한테는 시한폭탄처럼 위태로워 보이신다고요. 팀장님 지휘 아래 일사불란하게 움직이고 싶지만, 팀장님은 저희가 가야 할 길을 제시해주기보다는 혼자 속으로 끙끙 앓고만 계세요. 톰이나 마이클한테 질질 끌려다니는 모습도 저희로서는 이해가 안 가고요. 회사 내부에서는 팀장님이 언제 잘릴지 모른다는 소문이 무성해요. 그래서 팀장님 버스를 타라고 하셨을 때 거절했던 겁니다. 목표가 어딘지도 모른 채 불안하게 운행하는 버스에 타고 싶어 하는 사람이 어디 있겠어요. 말씀하신 대로 저도 노력해볼게요. 하지만 팀장님께서도 제 솔직한 심정을 알아주셨으면 해요."

조지는 놀라 할 말을 잃었다. 베티가 한 말은 구구절절 옳았지만 선뜻 받아들이기는 쉽지 않았다. 그녀에게 여러 가지 이야기를 들려주고 싶었다. 조이와 에너지 버스에 대한 얘기, 그곳에서 배운 것들과 자신의 내부에서 조금씩 일어나고 있는 변화에 대한 이야기를 들려주고 싶은 생각이 굴뚝 같았지만, 지금은 그럴 분위기가 아니었다. 조지는 겨우 이 말만 내뱉었다.

"솔직하게 말해줘서 고맙네. 버스에 타기로 결정해준 것도."

마지막으로 부른 호세에게 조지는 솔직한 심경을 담아 말했다.

"지금까지 자넨 누구보다 열심이었잖아. 그런 자네가 내 버스에 타지 않겠다고 해서 적잖이 놀랐네."

하지만 호세 역시 평상시의 소심했던 모습과는 달리 마음속에 품었던 생각을 여과 없이 내뱉었다.

"맞아요, 팀장님. 전 누구보다 열심히 일했죠. 팀장님이 하라는 건 뭐든 했고, 야근이나 철야도 마다하지 않았고, 주말까지 반납해가며 일했죠. 다른 팀원의 공백이 생겼을 때 묵묵히 그걸 메운 것도 저였습니다. 정말 뼈가 부서져라 일했어요. 하지만 팀장님은 단 한 번도 진심으로 '고맙다.'는 말을 하신 적이 없습니다. 그러면서도 약삭 빠르게 일하고 잘난 척하는 친구들한테는 꼼짝 못하셨죠. 결국 저처럼 마음 약한 사람에게만 어렵고 힘든 일이 주어지죠. 그런데도 제가 연봉을 올려달라고 어렵사리 말씀드렸을 때 어떻게 하셨어요? 팀장님은 가급적 고려해보겠다고 하시곤, 그 후로 감감 무소식이었어요. 팀장님은 늘 본인 생각만 하시지 저에게 진심으로 관심을 기울이신 적이 없다고요. 그랬던 팀장님이 버스에 타라고 하시니, 그게 다 팀장님이 자기 자리를 지키기 위한 방편이라는 생각밖에 안 들더군요. 이번 프로젝트가 실패하면 팀장님도 위험하다는 걸 다들 알고 있어요. 제가 신이 나서 환호라도 지르며 덥석 버스에 올라탈 거라고 생각하셨나요? 한 번도 제 편이 돼주신 적이 없는데 제가 그 버스에 타고 싶겠어요?"

조지는 뒤통수를 세게 얻어맞은 기분이었다. 다른 직원들에게 받은 충격과는 차원이 달랐다. 가장 아끼고 총애하던 직원인 호세가 느꼈을 고통에 대한 연민, 그리고 자신이 그렇게 몰인정하고 비인간적인 상사였다는 자책감…. 그 모든 것이 조지의 마음을 후벼 팠다. 호세가 분노와 실망감에 몸서리치는 데는 다 이유가 있었다. 조지는 고개를 끄덕일 수밖에 없었다.

"자네 말이 맞네. 그래 맞아. 내가 할 말이 없네."

어설픈 자기방어나 강한 응징이 떨어지리라 예상했던 호세는 깜짝 놀랐다. 앞서 면담을 했던 마이클과 톰의 얘기를 들었던 터라, 자기 역시 해고될지 모른다고 단단히 마음을 먹고 들어왔기 때문이다. 조지의 차분한 반응을 보며 호세의 마음속에는 놀라움과 안도감이 교차했다.

잠시 둘 사이에 어색하고 무거운 침묵이 흘렀다. 두 사람 모두 머릿속으로 할 말을 부지런히 찾고 있었다. 마침내 호세가 먼저 입을 뗐다.

"이제 어떡하면 좋을까요?"

잠시 생각에 잠겼던 조지가 대답했다. 조이로부터 배운 긍정 에너지의 힘을 발휘할 순간이었다.

"내가 참 잘못이 많았어. 하지만 과거를 돌이킬 순 없는 노릇일

세. 지금부턴 앞일만 생각하도록 하세." 조지의 눈은 자신감으로 빛났다. 강력한 라이트 훅을 연달아 두 방이나 맞았지만, 이번엔 툭툭 털고 일어났다. 기운을 내 일어나야만 비전을 향해 달릴 수 있으니까.

"나한테 한 번만 기회를 주게. 아직 구체적인 방법까지 설명하긴 힘들지만, 뭔가 보여주고 싶어. 내 버스에 타주겠나? 함께 일하기 괜찮은 팀장이라는 걸 보여주겠네. 내 약속하지. 내 버스에만 신경 쓰지 않고 자네 버스에도 기꺼이 타겠네."

호세는 다시 한 번 마음을 다잡는 표정으로 고개를 끄덕였다. 그리고 두 사람은 왠지 오늘이 기분 좋은 하루가 될 것 같은 예감을 느끼며 회의실로 향했다.

21

이상한 꿈

'좋은 일만 일어날 것'이라고 스스로에게 주문을 걸라.
그리고 그 주문의 위력을 지켜보라.

몇 년 만에 처음으로 팀원들과 의욕적인 하루를 보내고 집에 돌아온 조지는 그날 밤 이상한 꿈을 꾸었다.

꿈속에서 그는 버스를 운전하고 있었고, 버스 안에는 팀원들 모두와 아이들, 아내가 타고 있었다. 버스는 강한 엔진 소리를 내며 저 앞에 보이는 커다란 산을 향해 힘차게 달려 올라가고 있었다. 그런데 한껏 속도를 내며 달리던 버스 앞에 갑자기 커다란 구멍이 나타났다. 구멍은 마치 암흑세계의 입처럼 점점 커지더니, 마치 블랙홀처럼 조지의 버스를 끌어당겼다. 블랙홀에 빨려든 버스는 끝도 없는 낭떠러지 속으로 떨어지기 시작했다. 조지가 아무리 브레이크를 밟고 핸들을 돌려보아도 버스는 꼼짝도 하지 않았다. 칠흑같은 어둠 저 아래 시뻘건 용암이 부글부글 끓고 있었고, 버스는 멈추지 않고 계속 빨려 들어갔다. 버스 안의 승객들은 비명을 질러댔고, 조지의 등에서는 식은땀이 쉴 새 없이 흘렀다. 이제 몇 초만 지나면 버스는 이글거리는 용암 속으로 가라앉을 터였다.

그때였다. 갑자기 버스가 수평을 되찾으며 공중으로 쓱~ 하고 올라갔다. 마치 보이지 않는 손이 버스를 들어올리기라도 하는 것처럼 블랙홀 밖으로 서서히 버스가 떠올랐다. 어느새 버스 밖 풍경은 아름다운 초원과 꽃이 만발한 평온함으로 바뀌었고, 승객들은 모두 안도의 한숨을 내쉬었다. 그리고 저 멀리 어디선가 나지막한 속삭임이 들려왔다. 세상에서 가장 평화로운 목소리였다.

"좋은 일이 일어날 거라는 믿음을 잊지 마세요."

꿈에서 깨어보니 온몸이 땀으로 흥건히 젖어 있었다. 조지는 코앞으로 다가온 프레젠테이션과 팀에 대해 생각했다. 앞으로 남은 3일이 그의 인생에서 가장 중요한 날들이 되리라는 긴장감과 함께, 왠지 모든 상황이 잘 풀릴 것만 같은 예감이 들었다. 그런 낙관적인 기분이 든다는 사실이 스스로도 놀라웠다. 하지만 지난 한 주 동안 그는 갑작스러운 변화에 웬만큼 익숙해져 있었다. 눈 깜짝할 사이에도 인생의 풍경이 바뀔 수 있다는 것을, 그는 알아가고 있었다.

앞길이 마냥 깜깜해 보이고 하루하루 버티는 게 인생이라고 여겼던 그였다. 그랬던 그가 우연히 탄 버스 안에서 팀을 다시 살릴 수 있는 묘책을 얻게 될 줄 누가 알았겠는가? 무엇보다도 놀라운 것은 그 묘책이 정말 효과가 있다는 점이었다. 앞으로 어떤 놀라운 변화나 사건이 찾아온다 해도 조지는 그것을 충분히 맞아들일 수 있을 것만 같았다.

22

어제보다 나은 오늘을 위해

일에서, 일상에서 얻는 성공의 맛은 짜릿하다.
그러나 짜릿함 역시 계속 반복되면 무뎌진다.
그러면 무엇이 행복을 가져다주는 걸까?

수요일 아침.

조지는 정류장 벤치에 앉아서 어제 일을 곱씹어 생각하고 있었다. 그런데 뭔가 허전한 기분이 들었다.

'왜 뭔가 빠진 듯한 느낌일까? 내가 나만 생각하는 사람이 아니라는 걸 어떻게 보여줄 수 있을까?'

조지는 어제 베티, 호세와 나눴던 대화, 그리고 미팅에서 나왔던 내용과 성과를 하나씩 떠올려보았다. 풋볼 코치가 그날의 경기 내용을 세세하게 분석하듯이, 무용가가 공연에서 자신의 움직임을 하나하나 복기하듯이, 그는 어제 있었던 일들을 되짚었다. 그런 시간을 가짐으로써 잘했던 것과 고쳐야 할 것을 알게 되고, 어떤 부분이 부족했는지도 깨닫게 되는 법이다. 실수를 통해 배우고

자 하는 자세만 갖고 있다면, 누구나 성장할 수 있다. 자기성찰이 얼마나 필요한지 잘 알고 있었음에도, 그간 그 진리를 잊어왔던 조지였다. 그는 대학 시절 하키팀 코치가 들려주었던 말을 다시 떠올리고는 수첩에 옮겨 적었다.

"목표란 다른 사람보다 더 나아지는 게 아니다.
다른 누구도 아닌 '어제의 너'보다 나아지는 걸
목표로 삼아라."

조지는 어제보다 훌륭한 팀장, 어제보다 좋은 남편, 어제보다 좋은 아빠, 아니 나아가 어제보다 나은 인간이 되고 싶었다. 호세가 자신과 일하는 데서 만족감을 느꼈으면 했고, 자신이 무너지지 않을 것임을 베티에게 보여주고 싶었다. 하루하루 나아지는 삶을 살고 싶었다. 팀을 제대로 이끌어서 이번 런칭을 멋지게 성공시키는 모습을 회사 중역들에게 보여주고 싶었다. 아직은 선명한 청사진을 채 완성하지 못했지만, 꼭 해내고 싶다는 열망과 바람은 그 어느 때보다 강렬했다.

확실히 어제 조지의 팀은 여느 때보다 한층 커다란 진전을 보였다. 하지만 좀더 선명한 청사진을 완성하려면, 그리고 금요일에 있을 프레젠테이션을 성공시키려면, 아직 뭔가가 부족했다. 그러나 그 부족한 것이 무엇인지가 묘하게 잡히질 않았다.

조지는 문득 조이가 준 돌멩이가 생각나 주머니를 더듬었다. 주머니에 돌멩이 따위를 넣고 다닌다는 게 좀 우스꽝스럽게 느껴지기도 했지만, 조이가 그동안 해준 조언들이 힘을 발휘했음을 떠올려보면, 그 돌멩이도 괜히 준 게 아니라는 생각이 들었다. 조이의 말이 귓가를 맴돌았다. "그 돌멩이 안의 값진 보물을 발견하면, 당신 자신과 당신이 만나는 사람들 안에 있는 보물도 찾게 될 거예요."

'이 쪼그만 돌멩이 안에 무슨 보물이 있다는 걸까…. 오늘은 조이한테 물어보자. 돌멩이에 대한 해답도, 이 왠지 모를 허전함이 무엇 때문인지도….'

복잡한 머리를 애써 정리하는 사이, 어느새 11번 버스가 그의 앞에 멈춰 섰다.

23

기분 좋~다!

'된다'고 믿으면 된다.
인생의 함수는 생각 외로
때로는 참 정직하고 단순하다.

버스에 오른 조지는 요란한 소리에 깜짝 놀랐다.

"기분 좋~다! 그래! 기분 좋~다! 얼쑤! 기분 좋~다! 그렇고 말고!"

버스 안의 승객들 모두가 두 팔을 하늘로 쳐들고, 좌우로 흔들며 마치 합창하듯 흥겹게 외치고 있었다. 마치 신흥종교집단의 집회장 같은 모습이었다. 당황스럽기도 하고 우습기도 한 그 구호를 선창하고 있는 사람은 물론, 조이였다.

"안녕, 조지! 오늘은 기분이 어때요?"

"글쎄요, 그럭저럭요. 그런데 대체 이게 다 무슨 일입니까?"

"아, 조지는 이거 처음 보죠? 감정연습이에요. 우리 몸과 마음을 기분 좋은 감정으로 가득 채우고 있는 거죠. 기분이 좋거나 축

처지거나 그럭저럭 어정쩡하거나. 그 모든 느낌은 결국 감정상태에서 온답니다. 감정(E-motion)이란 건 따지고 보면 에너지(E-nergy)의 움직임(motion)이에요. 우리 몸과 마음 안에 흐르는 에너지 상태가 바로 감정이란 말이죠. 부정적인 감정에 지배당해서 어두운 생각과 슬픔이나 좌절에 휩쓸리지 않으려면, 우리 스스로 의식적으로 감정을 조절할 필요가 있어요. 긍정 에너지를 유도하는 거죠."

"맞는 말 같긴 한데…. 좀 유치하군요."

"아, 그럴 거예요. 나도 그렇게 생각해요. 우리 모두 알고 있답니다. 하지만 유치하면 어때요? 이렇게 다들 생기가 넘치고 표정이 살아 있는데. '오늘은 또 어떤 흥미로운 일이 생길까?' 하는 호기심으로 가득한 얼굴이죠? '오늘은 또 직장에서 무슨 문제가 터질까?', '오늘도 끔찍하겠지.' 하는 표정으로 하루를 시작하는 사람들과 확연히 다르잖아요? 조지, 당신이라면 어느 쪽을 택하겠어요? 조금 유치하더라도 즐거운 노래를 부르는 쪽, 아니면 심각한 척 퉁퉁 부은 얼굴로 끔찍한 하루를 예상하는 쪽 중에서요. 그리 어려운 선택은 아니죠?"

조이의 말대로 어려운 선택은 아니었다. 그동안 끔찍한 하루하루를 견디듯 살아온 걸 생각하면, 조금 우스꽝스러워 보이더라도 즐거운 쪽을 택하는 게 나을 것 같았다.

"당신 기분이 좋아지면, 당신 주변에 있는 사람들도 덩달아 기분이 좋아진답니다. 감정은 마치 바이러스처럼 전염되죠. 초콜릿을 먹거나 술을 마셔서 일시적으로 기분이 좋아지는 그런 상태 말고요. 진짜로 즐거운 기분, 행복감, 열정, 감사하는 마음, 설렘…, 그런 감정 말이에요.

당신이 주변 사람들에게 줄 수 있는 가장 값진 보물은 이력서에 써넣을 업무성과나 커리어, 물질적인 선물 같은 것들이 아니에요. 기분 좋은 모습, 행복한 표정이 바로 진짜 선물이자 값진 보물이죠. 누구나 즐겁고 긍정적인 사람 옆에 있으면 자신도 즐거워진답니다.

하지만 세상 사람들을 봐요. 다들 다른 사람의 눈치를 보면서 어떻게 기분을 맞춰줄까 고심하죠. 그래서 불행해지는 겁니다. 먼저 내 기분이 좋고 즐거워야 해요. 그러면 당신이 발하는 빛이 주변 사람까지도 비춘답니다. 또 즐거워야 힘도 나고요. 다른 사람을 만족시키는 데서 즐거움을 찾으려고 하면, 정작 당신의 즐거움과 파워는 없어져요. 점점 나약한 인간이 되고요. 내 말이 맞죠?"

조지는 마치 자기 얘기를 하는 것 같아 뜨끔했다. 그는 이제껏 남들을 만족시키려 노력하며 살아왔다. 직장상사를, 아내를, 또 주변의 다른 누군가를 만족시키려고 늘 버둥댔지만, 정작 자신은 늘 우울했다. '그래, 지금부터라도 즐거운 마음을 가지려고 의식적으로 노력하자.' 에너지 뱀파이어들도 떨쳐냈고 이제 막 팀은 제 궤도에 오르려는 참이다. 즐거운 마음으로 밀어붙이는 것, 이제 그것만 하면 된다.

하지만 아직 조지의 마음 한구석에는 풀리지 않는 무언가가 있었다. 어제 기분 좋게 미팅을 끝냈는데도 뭔가 부족한 듯 허전한 까닭을 알 수가 없었다.

그는 조이에게 어제 하루 벌어졌던 일들을 하나하나 털어놓았다. 베티와 호세와 나눴던 면담, 그들이 밝힌 가혹한 진실, 자신이 얼마나 부정적이고 형편없는 리더인지 깨닫고 새삼 분발하게 된 사실에 대해서 말이다. 그리고 그 후로 화기애애하게 달라졌던 미팅 분위기에 대해서도 들려주었다. 조지는 이야기 끝에 이렇게 물었다.

"그런데 뭔가 결정적으로 부족하다는 느낌을 지울 수가 없어요. 그게 뭘까요? 제 기분도 괜찮았고 팀원들도 잘 호응해줬지만, 그게 다가 아닌 듯한 기분이랄까…. 분명 부족한 게 있어요. 기분 좋게 일하는 것, 그게 전부는 아닌 것 같아요."

"물론이죠. 조지, 당신은 예전에 비하면 확실히 변화했어요. 참 뿌듯하군요. 하지만 이제 당신은 리더로서도 달라져야 해요. 그러자면 당신의 심장을 들여다봐야 한답니다. 당신이 무언가 빠져 있다고 느낀 건 바로 당신의 '심장'이에요. 마음의 에너지를 끌어내 다른 이들에게 나눠줘야 한다는 거죠. 자, 다음 레슨을 시작하기 전에 마음 채비 단단히 하세요."

24

심장으로 이끄는 리더

명령, 위계, 복종은 사람들의 두려움이라는
스위치를 가동해 일시적으로 움직이게 한다.
그러나 사랑은 영원히 멈추지 않는 엔진이 돼준다.

조지는 조이가 왜 자신에게 '심장이 없다.'고 하는 것인지 의아했다.

"저한테 심장이 없다니 무슨 말이에요? 바로 여기 있잖아요." 조지는 왼쪽 가슴을 손가락으로 가리키며 반문했다.

"심장이 어디로 없어졌다는 뜻이 아니에요, 조지. 당신의 심장은 너무 오랫동안 닫혀 있었기 때문에, 차갑고 부정적이고 딱딱해져 있어요. 그렇게 닫힌 심장은 하루아침에 열기 힘들답니다. 요사이 우리가 같이 만들었던 변화를 통해서 당신의 심장은 조금씩 열리기 시작했어요. 아주 좋은 일이죠. '신은 우리의 심장이 열릴 때까지 우릴 아프게 하신다.'는 말이 있대요. 모든 고난과 도전, 역경은 우리가 자신의 심장에, 진실한 자아에, 진정한 자기 모습에

한 발짝 더 다가갈 수 있게 해주죠. 우리 내면의 본질적이고 진실한 힘을 발견하려면 때로는 바닥까지 내려가 무력감을 느껴봐야 해요. 바로 이제까지 당신이 그랬죠. 고난을 겪었을 뿐 아니라 팀원들과의 진솔한 대화를 통해 당신의 진짜 내면 모습을 들여다보게 됐어요. 내 버스에 타게 된 것도 바로 그것을 시작하기 위해서였어요. 당신 내면에 있는 진정한 모습, 긍정적이고 강력한 자아와 접촉할 때가 됐기 때문이죠."

조지는 펑크 난 타이어와 위기에 놓인 결혼생활, 궁지에 몰린 직장생활, 그리고 호세와 베티에게 들었던 자신에 관한 진실에 대해 생각해보았다. 조이의 말이 옳다. 모든 상황이 조지로 하여금 남 탓하는 일은 그만두고 자신의 모습을 돌아볼 것을 재촉하고 있었다. 하지만 자신의 심장을 열어두거나 닫아두어야 한다고 생각해본 적은 없었다.

"이제 당신이 사람들을 이끌 때예요. '관리자(manager)'가 아니라 '리더(leader)'가 돼야 한다는 뜻이죠. 그러려면 긍정적이고 전염성이 있는 리더십을 가져야 합니다. 당신의 팀이 열망하는 게 바로 그겁니다. 팀원들은 당신이 심장으로 리드해주기를 원하고 있어요. 심장은 우리 몸의 파워를 만드는 발전소와 같답니다. 심장에서 긍정적인 리더십, 전염성 강한 리더십이 흘러나오죠. 심장이 더 활짝 열려 있고 긍정적일수록, 그 파워는 더 커지게 돼요."

“진짜예요.” 뒷좌석에 앉아 있던 마티가 거들고 나섰다. “그냥 상징적인 이야기가 아니라 과학적 근거도 있답니다. 미국심장학회 학회지에 실린 하트매스연구소(Institute of HeartMath)의 연구 결과를 보여줄게요.”

마티는 노트북을 돌려 조지에게 보여주었다. 화면에는 다음과 같은 글이 떠 있었다.

- **심장은 감정을 관리하고, 전자기장을 통해 감정을 신체의 모든 세포로 전달한다. 이 전자기장은 1.5~3미터 떨어진 곳에서도 감지할 수 있다.**
- **심장의 전자기장은 뇌에서 나오는 전자기장보다 5,000배나 강력하다.**

“3미터 떨어진 곳에까지 영향을 미치고, 뇌보다 5,000배나 강력한 파동을 낸단 말이죠! 결국 우리는 매순간 심장을 통해 긍정적이거나 부정적인 에너지를 밖으로 내보내고, 주변 사람들은 그러한 신호를 포착하고 받아들인다는 거예요.” 조이가 덧붙였다.

“그래서 상대방이 진심인지 거짓말을 하는지 직감적으로 알 수 있는 거랍니다. 진실하지 않은데도 겉으로만 진심인 척하는 것도 간파할 수 있죠.” 조이의 뒤에 앉아 있던 한 노신사가 끼어들었다. 머리가 벗겨진 중년신사의 얼굴에는 누구보다도 환한 미소가 담겨 있었다. 감색 양복을 빼입은 그에게서는 경륜 있는 사업가로서의 기풍이 풍겼다. 조이의 말대로라면 그의 심장이 보내는 ‘신호’

는 너무 강해, 그의 말이라면 무엇이라도 믿을 수 있을 것만 같았다.

"그래요, 잭." 조이가 말했다. "조지, 오늘 당신을 도와줄 잭이에요. 그의 말대로 우리는 상대방의 마음 신호를 포착할 수 있어요. 이성적으로 설명할 수 없을 때도 우리는 모두 다 알고 있죠. 그래서 이렇게 말하곤 하잖아요. '그 사람은 참 마음이 넓어.', '그는 정말 온 마음을 쏟아붓고 있어.', '저 사람은 참 매사에 열정적이야.' 하고요. 우리는 눈에 보이지 않게 사방에 감정을 뿌리고 다니고 있어요. 그러니 그 사람이 긍정적인지 부정적인지, 신이 나 있는지 시무룩한지, 화가 났는지 초조한지 누구나 느낄 수 있어요. 조지, 지난번에도 얘기했듯이 중요한 건 에너지예요. 팀원들은 당신의 감정 주파수에 채널을 맞추게 돼 있고, 당신의 에너지를 간절히 원하고 있어요. 그 어느 때보다 지금 더더욱 당신을 필요로 하고 있죠. 당신 역시 그들이 필요하고요. 팀원들이 더 긍정적이고 힘찬 에너지를 내길 원한다면, 당신이 먼저 마음을 열고 그 힘을 끌어내 퍼뜨려야 해요."

"하지만 어떻게 해야 할지…." 조지가 초조하게 중얼거렸다. 프레젠테이션은 이제 겨우 이틀 앞으로 다가왔다.

"조이가 소개했듯이, 오늘 내가 자네를 도와주러 왔다네."

잭이 도움을 자청하고 나섰다.

25

에너지 CEO

열정에는 강한 전염성이 있다.
열정은 사람들을 불러모으고 그들을 하나의 목적을 향해
강력하게 묶어낸다. 그리고 불가능해 보이는 '기적'을 만들어낸다.

잭은 넥타이를 고쳐 매고 양복을 툭툭 털면서, 자신감에 넘치는 목소리로 말했다.

"자네는 이제부터 NRG 사의 CEO가 되어야 하네."

조지는 어리둥절했다. "저는 겨우 마케팅 팀장일 뿐입니다. CEO라뇨? 제가 어떻게 회사 CEO가 된다는 말이신지…. 그리고 그것이 심장으로 사람들을 이끄는 것과 무슨 관련이 있나요?"

"그래, 조금 당황스러웠을지도 모르겠군. 내가 말한 CEO는 최고경영자(Chief 'Executive' Officer)가 아닐세. 최고에너지경영자(Chief 'Energy' Officer), 즉 '에너지 CEO'를 뜻하네. 자네는 이제 에너지를 경영해야 하네. 에너지는 자네의 개인적인 성공뿐 아니라 팀 모두의 성공을 이끌어줄 가장 강력한 연료니까 말이야. 에너지가 없다면 사람들을 이끌 수도, 그들을 격려하거나 변화를 만들어낼 수도 없지. 비단 자네뿐 아니라 회사 내의 누구든 에너지 CEO가 될 수 있어. 에너지 CEO가 되면 동료들과 부하직원, 그리고 고객들에게 긍정적이고 강력한 에너지를 퍼뜨릴 수 있다네. 이 에너지는 아주 전염성이 강하지. 마음으로 하는 커뮤니케이션이라고나 할까!"

잭은 가슴에 손을 얹으며 말을 이었다. "자네 혹시 들어봤나? 요즘 비즈니스 세계의 화두인 감성지능(Emotional Intelligence)이라는 말?"

조지가 고개를 끄덕였다.

"조사 결과에 의하면 성공의 80퍼센트는 감성지능이 좌우한다고 하네. 우리가 다른 사람과 관계를 맺을 때, 즉 직원들을 이끌거나 물건을 팔거나 커뮤니케이션을 할 때, 마음의 힘을 이끌어내는 것. 그것이 바로 감성지능이야. 결국 '심장으로 이끄는 리더십'과 '감성지능'은 동의어라고 할 수 있지. 간단히 말하면, 그것은 사람들이 자네를 좋아하고 존경해 따르고 싶도록 만드는 힘일세. 그러니 하루아침에 당장 에너지 CEO가 되기는 힘들지. 하지만 금요일 프레젠테이션을 성공으로 이끌고 싶다면, 지금부터 시작해야 하네."

그리고 잭은 다시 나지막한 목소리로 물었다. "내가 이야기 하나 들려줄까?"

"네, 기꺼이요." 조지는 이미 잭에게 동화된 표정이었다.

"지금 자네 눈에는 내가 자신감이 충천해 있는 리더로 보일 거야. 아닌 게 아니라 지금 나는 '내가 누구이고 무엇을 해야 하는지, 어떻게 사람들을 이끌어야 하는지' 잘 알고 있네. 난 우리 회사의 최고경영자일 뿐 아니라, 에너지 CEO이기도 하지. 하지만 몇 년 전까지만 해도 지금과는 딴판이었네. 자네를 보니 그때가 떠오르는군. 그러다가 여기 이 에너지 버스, 내 회사와 내 삶을 구해준 천사 같은 조이를 만났다네."

"네…." 조지는 침을 삼키며 이야기를 독촉했다.

"난 명문대학 MBA 과정에 있을 때, 지금의 회사 중역들에게 스카우트 됐다네. 대단한 인재라는 평가를 받았고, 곧 회사의 주요 부서를 순차적으로 밟아가며 점점 더 윗자리로 올라갔지. 나는 기업이 원하는 지식과 재능으로 충만해 있었네. 화려한 이력과 학벌, 영리함에다 근면함까지. 정말이지 열심히 일했다네.

20년간 성공의 사다리를 미친듯이 올라갔지. 하지만 지금 생각해보면, 그때 내겐 '심장'이 없었어. 진정한 리더가 아니었던 게지. 아무 생각 없이 아랫사람들을 끊임없이 몰아대기만 했으니, 난 심장이 아니라 두려움을 무기로 사람들을 끌어갔던 걸세. 그런 리더십은 결코 오래 갈 수 없어. 물론 처음엔 효과가 있었지. 하지만 시간이 지날수록 직원들은 하나둘 떨어져 나가고, 부서의 사기도 떨어졌지. 어느 순간까지 상승곡선을 그리던 실적이 급격히 떨어진 건 물론이야. 직원들은 점점 소극적이 되어갔고 내가 맡고 있던 핵심사업부의 매출이 회복할 수 없을 지경으로 추락해서, 모회사에까지 영향을 미칠 지경에 이르렀다네. 그런 상황에서 이사회가 가만히 있었겠나? 나를 자르려고 안달했지. 다행히도, 내 멘토이기도 했던 회장님이 내게 마지막 기회를 주셨지. 하지만 난 출구를 찾을 수 없었어. 실패했다는 좌절감밖엔 아무것도 보이질 않았네. 그래서 회사뿐 아니라 내 인생까지도 접겠다는 모진 마음을 먹었어."

"세상에…." 조지는 이렇듯 자신감 넘치는 신사에게 그런 과거가 있을 줄은 꿈에도 몰랐다.

"정말일세. 실패라고는 한 번도 맛본 적이 없었으니, 모든 게 다 끝난 것 같은 심정이었어. 그때 조이를 만났네. 그리고 조이가 나를 긴 잠에서 깨워주었지. 나는 이 에너지 CEO 제도를 우리 회사에 도입했네. 우리 회사 사람들은 이제 모두 에너지 CEO야. 모두들 성공을 향해 매일 긍정 에너지를 만들어내는 것에 몰두하지. 조이가 내 인생과 회사를 구해주었으니, 이제 내가 자네를 도울 차례야. 이게 바로 긍정 에너지가 전염되는 방식 아닌가? 자네 역시 팀이나 다른 사람들에게 긍정 에너지를 퍼뜨리려면, 이제 일곱 번째 룰을 알아야 하네. 이 룰은 '심장으로 리드한다.'는 것이 무슨 뜻인지 알려줄걸세."

처음 잭을 만났을 때와 그의 기적적인 변화를 떠올리며, 감회가 새로운 듯 조이의 눈에서는 어느새 행복의 눈물이 그렁그렁 열렸다. 그녀는 대니에게 일곱 번째 룰을 보여 달라고 부탁했다.

Rule #7

승객들이 당신의 버스에 타고 있는 동안,
그들을 매료시킬 열정과 에너지를 뿜어라.

조이는 설명을 하려고 입을 열었지만 목이 메어 소리가 나오지 않았다. 그 동안 잭의 이야기를 수도 없이 들었지만, 매번 들을 때마다 가슴이 찡했다. 조이는 잭이 변화하던 모습을 지금도 선명하게 기억하고 있었다. 그뿐 아니라 그간 그녀의 버스를 탔던 승객들과 나눈 모든 대화를 기억하고 있었다. 그리고 조지를 만났을 때, 또 한 사람에게 가슴 벅찬 가능성을 확인시켜줄 수 있는 기회가 찾아왔다고 생각했다. 자기 안에 나눠줄 게 많으면서도 그 방법을 모르는 사람, 그가 조지였다. 조이는 그의 성공을 바랐고, 그가 이 버스의 룰을 배워서 매일매일 회사에서 실천할 수 있을 거라고 믿었다.

그런 조이를 바라보던 잭이 그녀를 대신해 말을 이었다.

"조지, 우리 에너지 CEO들은 '열정'으로 살고 일한다네. 살아 있다는 것에 기쁨을 느끼고, 긍정 에너지로 마음을 채우고, 모든 것에 낙관적인 태도를 가지지. 그럼으로써 심장의 힘을 더 강하게 만든다네. 에너지 CEO들은 두렵다고 주춤거리지 않아. 오히려 긍정적이고 강력한 에너지로 앞을 향해 나아가며, 힘든 과제가 눈앞에 떨어져도 겁을 내기보다는 성장할 기회라고 생각하지. 자네 눈앞에 있는 신제품 런칭처럼 어려워만 보이는 숙제가 주어져도 절대 벌벌 떨지 않아."

"열정(enthusiasm)은 '신의 영감을 받았다.'는 뜻을 가진 그리스어 '엔테오스(entheos)'에서 유래했답니다." 뒷좌석에서 마티가 외쳤다.

"그래." 잭이 고개를 끄덕였다. "마티가 해준 설명이 꼭 들어맞는군. 마치 신들린 듯한 열정을 가지고 그 뜨거운 에너지를 자네가 하는 모든 일에 고스란히 쏟아부으면, 주변 사람들도 금세 알아차리지. 말로 하지 않아도 보고 느낄 수가 있으니까. 자네가 그런 열정을 가지면 누구라도 자네 버스에 올라타고 싶어 할걸세. 직원들은 자네와 일하고 싶어 하고, 고객들은 당신과 거래하고 싶어 하지. 때론 다른 부서 직원들까지 자네한테 찾아올걸? 자네가 인생과 일에 열정을 가지면, 사람들은 불빛을 향해 달려드는 나방처럼 자네에게 몰려들걸세. 월트 휘트먼(Walt Whitman)은 '사람은 존재로써 설득한다.'고 말했지."

조지 자신도 그 말의 의미를 너무나 잘 알고 있었다. 처음 회사에 지원했을 때 면접에서 보여주었던 열정, 아내와 연애하던 시절의 열정, 누구보다도 적극적으로 일했던 초창기 회사시절의 열정, 그걸 통해서 얻었던 짜릿한 성취감도 기억하고 있었다.

'대체 언제부터 그 불꽃이 꺼져버린 걸까?' 조지는 자문했다. 다시 한 번 내면에서 타오르는 그 불꽃을 느끼고 싶었다. 잭이 말한 대로 에너지 CEO가 되고 싶고, 팀원들의 에너지에 불을 붙이고 싶었다.

조지가 생각에 잠긴 사이, 잭이 다시 말을 이었다. "조이가 말한 것을 잊지 말게. 자네가 기분이 좋으면 주변 사람들 기분도 덩달아 좋아지지. 자네가 열정을 가지면 옆에 있는 사람도 기운이 나는 거고. 그렇게 기분은 전염될 뿐 아니라 자기복제를 한다네. 우리 고객들 중에서 '타사와 비교해서 제품이 아주 월등한 건 아니지만, 세일즈맨의 열정이 마음에 들어 물건을 샀다.'는 사람이 많아. 세일즈맨의 열정에 감화돼서 그의 버스에 올라탄 셈이지. 제품을 팔든, 팀을 이끌든, 프레젠테이션을 하든 마찬가지야. 사람들이 받아들이는 것은 '숫자'나 '사실'보다는 자네의 열정과 자네가 가진 에너지니까. 자네가 열정을 가지면 사람들은 '자네의 버스가 어디로 향하는가?' 관심을 갖게 되고, 결국 버스에 함께 올라타고 싶은 강한 욕구를 느끼게 되지."

조이 역시 잭의 말에 조용히 귀를 기울이고 있었다. 에너지 버스에서 모든 사람은 서로의 교사이자 멘토였다. 조이는 목소리를 가다듬고 덧붙였다.

"흔히 오해하듯 요란을 떨며 흥분하는 게 열정은 아니에요. 잭의 말대로 강요할 필요 없이 자연스럽게 사람들을 끌어당기는 자석 같은 진짜 열정이 필요해요. 일단 오늘은 팀의 '심장'이 되는 데 집중해보세요. 신체의 모든 세포가 심장 박동에 맞춰 움직이는 것처럼, 팀원들도 당신의 주파수와 에너지에 맞춰 움직이게 될 거예요. 심장이 세포 구석구석에 에너지를 보내는 것처럼, 당신 또한 모든 팀원에게 긍정적인 에너지와 열정을 발산해야 해요. 그리고 무엇보다 중요한 것은 이 모든 얘기를 팀원들에게도 들려줘야 한다는 거예요. 팀원들에게 그들 또한 에너지 CEO가 될 수 있다는 것을 알려주세요. 누구든 조직과 회사의 '심장'이 될 수 있다는 것을요. 지위나 역할과 관계없이, 삶과 일에 열정을 가지면 주변 사람들이 그 사람의 주파수에 맞춰 움직이는 법이니까요."

"우리 팀이 혼란에 빠져 있던 이유를 알 것 같아요." 조지가 조이와 잭을 번갈아 바라보며 말했다. "저는 그동안 매일 부정적인 신호와 에너지만 뿜어대고 있었어요. 숫자나 성과만을 성공의 잣대라고 생각하면서 말이죠. 물론 요 며칠 동안에는 좀 의욕적으로 변하긴 했지만, 그것 역시 어떻게든 제가 의도적으로 팀원들을 긍정적인 쪽으로 움직이게 해야 한다는 지나친 강박관념에 의한 것이었는지 몰라요."

잭이 그를 격려하듯 말을 이었다. "열정과 긍정 에너지를 팀과 회사의 문화가 되게 해야 하네. 난 우리 회사가 가진 가장 큰 자산이 무엇이냐는 질문을 받을 때마다, 바로 '에너지'라고 대답한다네. 나를 포함해 직원들이 직장에 불어넣는 에너지야말로 우리 회사를 성공으로 이끄는 엔진이지. 그뿐 아니라 긍정적인 기업문화는 성과와도 직결된다네. 이제 사람들은 투자종목을 결정할 때나, 직장을 택할 때, 그 회사에 긍정 에너지와 열정이 있느냐를 기준으로 보아야 할 게야. 그것이 곧 매출액이나 수익과도 연결되니 말이야."

조지는 오늘 버스에 오르기 전까지, 자신이 무언가 빠졌다고 여겼던 그것이 바로 자신의 '심장', '열정'이라는 걸 깨달았다. 조지의 몸에 의욕이 가득 차올랐다. 몇 정거장 남지 않았으니 여기서 당장이라도 뛰어내려 회사까지 뛰어가고 싶은 충동이 일 정도였다. 하지만 왠지 조이에게 더 들을 말이 남아 있을 것 같아, 그 충동을 애써 눌렀다.

이내 조지는 버스에서 미리 내리지 않은 것이 정말 현명한 선택임을 알 수 있었다. 무엇보다 중요한, 모든 것을 변화시킬 수 있는 룰이 그를 기다리고 있었기 때문이다.

26

당신의 승객들을 사랑하라

긴 주말을 보낸 후 월요일 아침, 다시 팀원들을
만날 생각에 가슴이 설렐 정도로 마음을 쏟을 수 있다면,
우리 일터는 얼마나 달라질까?

조이가 '다음 룰을 어떻게 설명할까' 생각하는 동안, 창밖으로 커다란 옥외전광판이 보였다. 그 전광판에는 유명한 성경구절이 씌어 있었다.

'사랑이 답입니다.'

조이는 전광판을 가리키며 말했다.

"정말 놀랍지 않아요? 우리가 필요로 할 때면 언제나 진리가 우리를 이끌어주니! 우리가 열려 있기만 하다면, 세상의 모든 표지판들이 '당신의 버스가 어디로 가야 하는지', '지금 무엇이 필요한지' 알려주는 법이에요. 그 표지판을 보며 올바른 길을 찾아 따르면 세상이 저절로 우리를 돕는답니다. 필요한 사람이 나타나고, 필요한 여건이 갖춰지고, 장애물이 사라지고, 창의적인 아이디어

가 샘솟죠. 그게 바로 세상이 작동하는 방식이에요. 당신에게 알려준 룰들은 내가 만든 게 아니에요. 나는 그저 메신저일 뿐이죠. 저 전광판이 바로 그 증거예요. 의심이 든다면 대니가 보여드릴 여덟 번째 룰을 보세요."

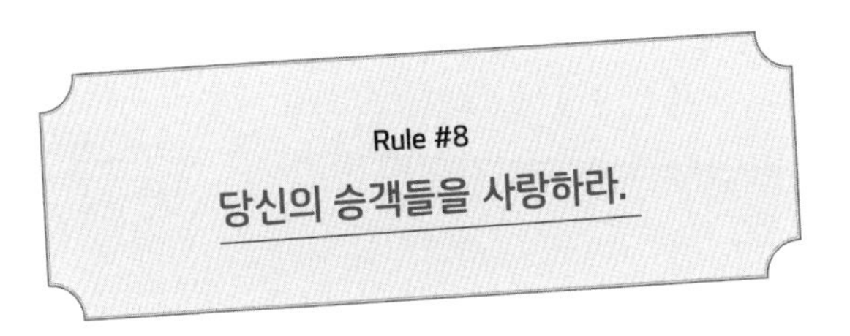

"아주 단순해 보이지만, 우습게 여겨서는 안 돼요, 조지. 사랑은 당신의 팀을 성공으로 이끄는 궁극의 해답이에요."

조지는 고개를 갸우뚱했다. '비즈니스와 사랑이라니….' 쉽게 어울리는 조합은 아니었다.

"열정도 아주 중요하죠. 하지만 진정한 답은 사랑이에요. 진정으로 마음의 힘을 끌어내고 긍정 에너지로 사람들을 주도하기 위해서는, 먼저 당신의 승객들을 사랑해야 합니다. '사랑의 자석'이 돼야 해요. 이 말은 아무리 강조해도 모자라지 않아요."

"사랑의… 자석이라…." 조지는 생각에 잠겼다.

"비싼 향수를 뿌린다고 해서 사랑의 자석이 될 순 없어요. 술잔을 부딪치며 허물없는 척 떠든다 해도 사랑의 자석이 될 수 없죠. 당신의 직원들과 고객, 회사, 가족을 사랑해야만, 사랑의 자석이 될 수 있어요. 때로는 사랑하기 힘든 사람까지도 끌어안아야 하고요. 당신의 팀원들이 무엇보다 필요로 하는 건 바로 '사랑'이에요. 그리고 팀원들끼리도 마찬가지죠. 이해관계나 조직구조에 따른 관계가 아니라 진정한 사랑을 바탕으로 소통할 때 그 팀이 발휘하는 시너지는 엄청나답니다."

순간 조지의 머릿속에 호세가 떠올랐다. 면담을 나누는 동안 호세가 보여준 것은 관심과 인정을 받고 싶다는 강렬한 욕구였는지도 모른다. 조이가 계속해서 설명을 이어갔다.

"팀원들에게 상을 주거나 트로피를 주거나 연봉을 올려줄 수도 있겠죠. 그것도 좋은 표현 방법이에요. 하지만 물질적인 포상을 통해 얻은 즐거움이나 흥분은 시간이 가면 조금씩 희석됩니다. 때로는 그런 흥분에는 내성이 있어 동일한 만족을 주기 위해 더 크고 강한 포상을 주어야 하죠. 그러나 가장 오래 남는 것, 결코 지워지지 않는 것은 당신이 그들에게 그 포상과 함께 건넸던 '감정'이에요. 당신이 그들을 사랑하고 진정으로 관심을 기울이고 아끼는가 하는, 바로 그 감정 말이에요. 호세를 비롯한 팀원들은 당신이 자신들에게 관심이 있는지를 알고 싶어 해요. 자기들의 미래와 행복에 관심이 있는지, 자기들을 좋아하는지, 또 아끼는 마음이 있는지, 그런 걸 확인하고 싶은 거죠. 리더인 당신은 이제 당신 자신의 일신이나 업무가 원활히 돌아가는지만 챙겨서는 안 돼요. 팀의 구성원 하나하나를 둘러보고 그들에게 사랑을 부어줘야 해요.

당신이 팀원들을 사랑하면, 그들도 당신에게 사랑을 주게 되어 있어요.

당신이 그들을 승진을 위한 도구, 보너스를 타기 위한 도구로만 여긴다면, 팀원들 역시 마찬가지 태도를 보일 거예요. 반대로 팀원들을 진심으로 아끼고 보살핀다면, 그들 역시 당신에게 받은 사랑을 되갚아줄 겁니다. 최선을 다해 일하고, 매사에 솔선수범하고, 놀라운 실적을 내고…. 당신이 가르쳐준 만큼 당신에게 많은 것을 가르쳐줄 거고요. 이건 세일즈에서도 통용되는 원리예요, 조지. 최고의 세일즈맨들은 사랑의 자석입니다. 고객들은 세일즈맨이 자신을 새로운 자동차나 보트 따위로 보고 있을 때 그것을 금방 알아차리지요. 대신 자신에게 진정으로 관심을 가져준다는 느낌을 받으면, 그 고객은 절대 그 세일즈맨을 떠나지 않아요. 상대방의 진심 어린 마음을 느끼면 고객들은 더 많은 일을 맡기고 자기가 발 벗고 나서서 다른 고객까지 소개시켜주려 들 거예요. 사람들은 누구나 자신이 좋아하고 자신을 좋아해주는 사람과 일하고 싶어 하는 법이니까요. 당신이 사랑을 많이 주면 줄수록, 당신에게 더 많은 사랑이 돌아옵니다. 당신의 사랑을 느끼기만 한다면, 팀원들 역시 당신의 버스가 어디로 향하든 내리지 않고 남아 있으려 할 거예요. 요컨대, 열정은 당신의 버스에 올라타고 싶게 만드는 힘이지만, 그 버스에 끝까지 남아 있게 만드는 것은 사랑이랍니다."

"하지만 실적에 대한 압박을 받을 때나, 정말이지 꼴 보기 싫은 팀원들한테까지 사랑을 준다는 게 쉽지 않을 때도 있어요." 조지가 조심스럽게 토로했다.

이번에는 잭이 나섰다. "물론 쉬운 일은 아니지. 특히 비즈니스 세계에서 사랑을 실천하기란 쉽지 않아. 하지만 사랑도 습관이어서 꾸준히 연습하면 강해진다네. 내 경험에 의하면 팀의 실적과 생산성을 향상시키는 데도, 사랑만 한 해법은 없어. 그리고 사랑을 준다는 게 반드시 착한 천사가 되어 뭐든 잘해주라는 것은 아니야. 때로 강한 질타나 잘못에 대한 징벌도 필요하네. 자네 안에 사랑이 가득하다면 어떻게 하는 것이 좋을지 방법이 보일 게야."

잭이 계속해서 말을 이었다. "그동안 조이를 비롯해 우리들은 많은 시간과 에너지를 들여서 '승객을 사랑하는 5가지 방법'을 정리해보았네. 우리 회사에서도 이걸 실천해서 정말 놀라운 결과를 얻었지. 여기 있네." 잭은 조지에게 종이 한 장을 건넸다.

"조지, 잊지 말아요. 사랑에는 시간이 걸려요. 사랑은 목표가 아니라 과정이니까 지긋한 관심이 필요하기도 하고요. 사랑은 마치 화초처럼 끊임없이 돌보고 가꿔줘야 하지요. 팀원들 각자에게서 최고의 잠재력을 이끌어내도록 노력해보는 것부터 시작해보세요. 누군가를 사랑한다는 건 그 사람이 최고가 되기를 원하는 거예요. 그 사람이 빛나길 바라고 돕는 거죠. 그 사람 안에 있는 보물을 발견할 수 있도록 돕는 것이요." 조이가 당부했다.

"아…, 제게 주셨던 그 돌멩이처럼 말이죠?" 조지는 천천히 고개를 끄덕였다.

"그래요. 아직 갖고 있죠?"

"그럼요. 여기 있어요. 하지만 솔직히 이게 어떤 의미에서 보물이라고 하셨는지 아직도 모르겠어요. 제가 궁지에 몰렸을 때 그 돌멩이가 큰 도움을 주긴 했지만…." 조지는 멋쩍게 웃으며 주머니에서 돌멩이를 꺼내보였다.

"조지, 당신이 미약하게나마 그 돌멩이의 가치를 알아차려서 다행이에요. 자, 이제 진짜 보물이 뭔지 알려줄게요." 조이는 운전석 옆에서 정비용으로 쓰는 휘발유 묻은 수건을 꺼내 조지에게 건네주었다. "자, 이걸로 돌을 꼼꼼히 닦아봐요. 잘 닦아야 해요." 조지는 조이로부터 수건을 받아들고 반신반의하면서 돌멩이를 문지르기 시작했다. 어지간히 오래 때가 묵어 있었는지 닦아내는 데 시간이 꽤 걸렸다. 그러나 인내심을 가지고 계속 문지르고 문지르자, 돌멩이는 조금씩 때를 벗어가기 시작했다. 그리고…. 그 검고 어두운 표면이 벗겨져 나간 저 밑바닥에서 빛나고 있는 것은…. 다름 아닌…, 환하고 빛나는 광채를 품은 조그마한 황금덩어리였다."이게…, 정말 제가 갖고 있던 그 돌멩이에요?" 조지는 믿기지 않는다는 듯 물었다.

"그래요, 조지. 아무리 시커멓고 어두운 먼지 더께에 덮여 있다

해도, 황금이 황금인 데는 변함이 없어요. 당신의 팀원들도 마찬가지에요. 지금은 먼지 더께가 그들의 진면목을 가리고 있죠. 조지, 당신에게도 그 더께가 덮여 있을지 몰라요. 하지만 그 모두에게는, 그 내면 깊은 곳에는 이처럼 빛나고 싶어 하는 황금덩어리가 숨어 있다는 걸 알아야 해요. 조지, 내가 당신을 도와준 것처럼, 팀원들을 도와주세요. 그들 안에 있는 황금덩어리를 발견할 수 있게 도와주세요. 그들이 자신을 가리고 짓누르고 있는 더께를 닦아내서, 자신만의 황금덩어리를 드러낼 수 있게요. 그게 바로 사랑이랍니다. 당신이 그들을 사랑하고 자신만의 황금을 찾도록 도와준다면, 그들뿐 아니라 당신 또한 빛나게 될 거예요. 에너지 CEO가 하는 일이 바로 그것이죠. 다른 사람의 잠재성을 이끌어냄으로써, 당신 안에 숨어 있던 역량도 자연스레 이끌려 나오게 마련이거든요."

버스 안에는 숙연하면서도 감동 어린 침묵이 흘렀다. 조이와 잭, 제니스, 대니와 마티를 비롯한 승객들은 알고 있었다. 이제, 조지가 준비를 마쳤다는 것을.

조이의 얼굴에는 자랑스러움이 가득 넘쳤다. 그동안 조지와 많은 이야기를 나누었고, 중요한 프레젠테이션을 이틀 앞둔 지금, 조지는 기적과도 같은 변화의 용수철 위에 서 있다. 이번 프레젠테이션이 성공한다면 큰 도약의 이정표가 되어줄 것이다. 하지만 그것은 앞으로 펼쳐질 긴 여정의 첫걸음일 뿐이다. 조지가 앞으로 펼쳐질 기나긴, 때로는 힘겨울지 모를 여정을 즐기기 위해서는 마지막 두 가지 룰을 배워야 했다. 그 두 가지는, 의미 있고 열정 넘치는 삶을 위한 가장 핵심적인 연료가 돼줄 것이다.

버스에서 내리는 조지의 등 뒤에 대고 조이가 소리쳤다.

"조지, 오늘 배운 것들을 꼭 실천하세요! 열정, 사랑, 황금을 기억해요. 아~ 참, 그 사랑을 부인과도 나누는 걸 잊지 말구요. 오늘은 당신이 줄 수 있는 모든 사랑과 에너지를 다 뽑아서 주세요. 내일 여기서 다시 충전할 수 있도록 대기하고 있을 테니!"

조지는 에너지 버스의 모든 승객들을 향해 인사를 보냈다. 이번에는 그냥 손짓이 아니었다. 가슴에서 심장의 온기를 담아 다시 입술로 가져가 사랑을 담아 보내는 뜨거운 손 키스였다. 조지에게 이제 조이와 버스의 승객들은 한 가족이나 다름없었다. 그 누구에게보다 먼저 감사와 사랑을 보내고 싶은 가족.

어깨를 쫙 펴고 성큼성큼 버스에서 멀어져가는 그의 뒷모습을 쳐다보면서 조이와 잭은 약속이라도 한 듯 고개를 끄덕였다.

"준비가 된 것 같죠?", "그렇군요."

27

승객들을 사랑하는 방법

사랑도 습관과 같아서 매일 연습하고 점검하면 점점 커진다.
그러니 '난 사랑 같은 건 낯간지러워서….'
하고 포기할 필요는 없다.

회사 건물 옆 벤치에 자리를 잡은 조지는 잭이 건네준 '승객을 사랑하는 5가지 방법'을 훑어보았다. 사무실에 들어가기 전에 '팀원들에게 어떻게 사랑을 주어야 할지', 지금 당장 준비하고 싶었다. 그 5가지 방법은 이랬다.

첫째, 시간을 내어라.

누군가를 사랑하면 자연스레 함께 시간을 보내고 싶어진다. 관계란 '의미 있는 시간'이라는 영양분을 먹고 자라는 생명체다. 소파에서 TV만 보면서 배우자와 의미 깊은 시간을 보낼 수 없듯이, 책상만 지키고 앉아서는 동료나 부하직원과의 관계를 발전시킬 수 없다. 방에서 나와 팀원을 직접 마주하고 그들과 함께 시간을 보내라. 일대일의 시간을 갖고, 그들을 숫자나 직함이 아닌 하나의 인격체로 대하라. 정원을 가꾸는 것처럼 팀을 사랑으로 가꿔야 한다. 그러려면 그들과 함께 있는 '그 순간'에 몰입하자. 다른 스케줄이나 할 일, 다른 사람들 생각에 한눈을 팔지 말자. 지금 같이 있는 사람에게 모든 에너지를 집중하는 것이 '질 높은' 관계를 맺는 왕도다. 상대방은 당신이 딴 생각을 하는지 자신에게 집중하는지, 금세 알아채게 마련이다.

둘째, 귀를 기울이라.

직원들이나 고객에게 귀를 기울이는 것, 즉 '관리자의 경청 습관'은 실적을 결정짓는 중요한 요소 중 하나다. 직원들의 아이디어와 니즈(needs)를 주의 깊게 듣자. 직원이나 고객은 당신이 자신들의 말에 관심을 갖고 주의 깊게 들어주길 바란다. 효과적인 '경청의 기술' 같은 테크닉을 말하는 것이 아니다. 차분하게 앉아 온 마음으로 상대의 말을 듣고 관심을 쏟으라는 것이다. 즉 '공감하며 듣기'가 중요하다. 직원들은 관리자가 진심으로 자기의 말에 귀를 기울인다는 느낌을 받을 때 감동을 받는다. 한 설문조사에 따르면, 직장인들은 상사와 나눈 대화의 90퍼센트가 아무런 감동 없이 그냥 오고 간다고 느낀다고 한다. '잘 지내느냐'는 인사를 건네고 난 후에는 상대의 눈을 바라보며 대답을 기다리자. 상대는 당신이 귀 기울이고 있다는 것을 마음으로 느끼게 된다.

셋째, 인정해주라.

트로피나 상을 주라는 뜻이 아니다. 가장 의미 있는 보상은 개인적이고 직접적인 것이어야 한다. 개개인이 한 일을 진심으로 인정하고 칭찬하라. 그들을 직원으로서뿐 아니라 한 '인간'으로서 인정해주자. 어떤 회사 사장은 생일을 맞은 직원들에게 직접 손으로 쓴 축하카드를 보낸다. 물론 모두 그 방법을 따라 하라는 말은 아니다. 단지 자기 팀원들에게 해줄 수 있는 나름의 방법을 찾으면 된다. 가령 어떤 회사에서는 신상품의 제품코드를 정할 때, 그 개발에 참여한 직원들에게 의미 있는 숫자로 코드번호를 조합하는 방법을 쓴다. 직원의 생일이나 기념일, 그 자녀의 생일을 조합하는 식이다. 바로 이런 것들이 개인적인 보상이다. 직원을 인정해주는 또 다른 방법은 칭찬이다. 당연한 말이지만 잘한 일을 칭찬해줄수록 그 직원은 더 열심히 일하고 더 좋은 성과를 낸다. 직원들에게 긍정적인 마음을 심어주고, 그것이 자라는 것을 지켜보라.

넷째, 섬겨라.

한 위대한 리더는, "진정으로 높은 사람은 자신을 대접하는 아랫사람들 위에 군림하기보다, 숱한 사람들의 밑바닥에 자리 잡고 그들을 섬기는 사람이다."라고 말했다. 직원들의 발전과 미래, 경력, 영혼을 존중해주고, 그들이 일과 삶을 즐기고 기꺼운 마음으로 당신의 버스에 올라타도록 만들어야 한다. 당신이 직원의 성장에 많은 도움을 줄수록, 직원들 또한 당신의 성장에 도움을 주게 된다.

다섯째, 장점을 이끌어내라.

이 방법이 가장 뒤에 온 것은 그만큼 중요하고 핵심적이기 때문이다. 누군가를 사랑하면 그 사람의 장점이 더 잘 보이게 마련이다. 또 그가 성공하고 행복해지길 진심으로 원하며, 그가 장점을 발휘하길 바라게 된다. 따라서 리더가 팀에 대한 애정을 표현하는 최상의 방법은, 팀원들 각자가 자신의 장점을 발견하도록 돕고 그것을 발휘할 기회를 주는 것이다. 당신이 그들로 하여금 빛을 발할 수 있도록 자리를 마련해주면, 숨어 있던 그들의 장점이 발견될 뿐 아니라 팀과 회사의 잠재력도 더불어 깨어나게 된다. 그들을 사랑하는 방법은 그들이 가장 잘하는 일을 하도록 이끄는 것이다.

28

두려움과 믿음

마음을 얼어붙게 만드는 두려움과 불신, 회의를 걷어내기만 한다면,
세상이 얼마나 나를 도와주려 애쓰는지 볼 수 있게 될 것이다.

조지는 마치 그 건물의 주인이라도 되는 양, NRG 사옥으로 당당히 들어섰다. 그는 팀원들을 사랑하고 그 사랑을 통해 팀원들에게 동기를 불어넣을 채비가 돼 있었다. 하지만 현관을 지나고 엘리베이터로 향하는 동안, 눈앞에 쌓인 산더미 같은 과제가 떠오르면서 이전에 그랬던 것처럼 의심이 서서히 꼬리를 처들기 시작했다.

'나만 팀원들을 사랑하면 뭘 해? 팀원들이 그걸 몰라주면. 애정을 표현해봐야 메아리 없는 외침 같았던 적이 한두 번인가?'

'내가 팀원들한테 아무 영감도 주지 못한다면 어쩌지? 이제까지 팀원들을 너무 실망시켰어. 이미 너무 늦은 건 아닐까?'

불안감이 저 깊은 곳에서 스멀스멀 올라왔다. 위장을 누군가 바

늘로 콕콕 쑤시기라도 하는 듯 속이 쓰려왔다. 심한 스트레스를 느낄 때마다 나타나는 증상들이었다. 창밖을 보니 에너지 버스가 멀리 사라지고 있었다. 조이와 잭의 말이 진실이라는 것을 알지만, 그걸 실행에 옮기기란 만만한 일이 아니다. 머리로 이해하는 것과 행동으로 옮기는 것, 그 사이에 놓인 계곡에서 조지는 두려움으로 얼어붙고 말았다.

그가 멍하니 서 있는 사이 엘리베이터의 문이 열렸다 다시 닫혔다. 버스 안에서 느꼈던 자신감과 확신과는 달리, 여기 회사에서는 '버스의 룰' 따위는 안중에도 없는 '맹수 떼' 속으로 던져질 것이라는 두려움밖에는 느껴지지 않았다. 조지는 불안감에 사로잡힌 나머지 바로 옆에, 그 맹수 떼 중에서도 가장 호전적인 인물이 서 있는 것도 알아차리지 못했다. 바로 마이클이었다. 그러나 평상시와 달리 마이클의 표정에는 초조한 기운이 역력했다. 그는 잠시 머뭇거리다가 간신히 입을 뗐다.

"팀장님, 제가 팀장님 버스에 합류하지 않은 게 이제 좀 실감이 납니다. 무례하게도 '팀장님 버스가 불길에 휩싸일 것'이라고 말했었지요. 그동안 생각을 많이 해봤습니다. 베티도 제게 전화해서 '팀장님의 버스가 이전과는 전혀 다르게 움직이고 있다.'고 말해주더군요. 팀장님이 팀원들과 대화도 많이 나누시고 마치 완전히 딴 사람이 되신 것 같다고, 다들 기뻐한다고요. 지금 와서 참 면목 없는 말씀이지만, 이 자리에서 팀장님께 다시 한 번 제게 기회를 주

십사 부탁드립니다. 팀을 위해서, 그리고 팀장님을 위해서 제가 분명 할 수 있는 일이 있을 거라 믿습니다."

갑작스러운 제안을 받은 조지는 허리를 쭉 펴며 호흡을 애써 가다듬었다. '마이클에게 한 번 더 기회를 준다? 이거 큰 실수를 저지르는 건 아닐까? 마이클은 분명 팀에 도움이 될 만한 능력을 갖고 있는 친구다. 하지만 그가 에너지 뱀파이어로서의 전철을 극복할 수 있을까?' 조지의 마음속에 갈등이 일었다. 그러다 조지는 언젠가 읽었던 리처드 브랜슨(Richard Branson)의 일화를 떠올렸다. 그가 내쫓으려다 마지막으로 기회를 준 직원이 결국 나중에는 가장 신임하는 리더가 됐다는 이야기였다. 그 일화를 떠올리는 순간, 두려운 마음이 가라앉고 좀더 냉철하게 판단할 수 있게 되었다.

"좋아. 자네에게 한 번 더 기회를 주겠네. 단, 한 가지 조건이 있어. 자네도 에너지 CEO가 돼줘야겠어."

"에너지 CEO…, 그, 그게 뭐죠? 팀장님?" 마이클이 어리둥절한 얼굴로 물었다.

"올라가서 설명해주지. 오늘 하루, 눈 돌릴 틈도 없이 굉장할 테니 각오해두라고!" 조지가 호쾌한 표정으로 장담했다.

엘리베이터가 열리고 마이클이 엘리베이터에 올라타 조지를 재촉했다. "팀장님, 어서 타세요."

"음. 난 조금 이따 올라갈게. 먼저 올라가." 조지에게는 아직 준비할 게 남아 있었다.

"정말 감사드립니다. 절대 실망시켜드리지 않을게요." 마이클의 눈빛에서 겸손과 진심 어린 마음이 묻어났다. 막 엘리베이터의 문이 닫힐 무렵 조지가 대답했다. "자네가 다시 와주어서 정말 기쁘네."

조지는 엘리베이터 앞에 서서 방금 전 마이클과 나눈 대화를 생각하며, 에너지 버스에서 조이가 들려주었던 이야기를 떠올렸다.

'세상이 나에게 저절로 길을 보여준다면, 마이클이 그 첫 이정표가 아닐까…?'

마이클 사건은 아주 다양한 암시를 담은 첫 신호탄일지 모른다. 마이클이 고개를 숙이고 기회를 달라고 부탁한 것, 그것은 팀원들이 조지를 따를 준비가 되었음을 암시하는 강력한 신호가 아닐까? 그리고 자신이 용기를 내 마이클에게 기회를 주기로 결정한 것도 이미 직위나 자존심이 아니라 심장으로 팀을 이끌 준비가 되었음을 뜻하는 것인지도 모른다. 마이클은 팀 내에서 가장 넘기 힘든 장애물 같은 존재였으므로, 어쩌면 이것은 앞으로 장애물이 사라진다는 의미일 수도 있다.

'난 지금 제대로 된 길에 서 있어. 그리고 이제 버스의 앞길은 시원하게 뚫려 있는지도 몰라.'

지난밤 꿈에서 보이지 않는 존재가 들려주었던 말이 생각났다. "믿음을 잊지 마세요." 조지는 버스의 운전사이고 언제나 선택권은 그가 가지고 있다. 그는 마이클을 신뢰하고 한 번 더 기회를 주기로 '선택'했다. 두려움에 발이 묶여 얼어붙어 있기보다, 믿음을 갖고 앞으로 나아갈 것을 '선택'했다. 비록 버스가 자칫 길을 벗어나 낭떠러지로 추락한다고 해도, 가보지 않은 한 아무것도 모르니 뛰어들어보겠다고 과감히 '선택'했다. 이제 그가 달릴 길은 자신이 선택한 길이다. 그리고 반갑게도 그가 달리는 길은 이정표도 선명하고 신호등 역시 초록빛으로 그를 반긴다.

'앞으론 두려움 따위 때문에 망설이지 않겠어. 내 앞길에 회의적인 생각이 끼어들도록 내버려두지 않겠어. 도약이란 믿음으로만 가능한 거야. 두려움을 발판으로 뛰는 건 불가능해. 내가 내 자신과 팀을 신뢰하면, 팀원들도 서로를 믿고 나를 신뢰하게 될 거야.'

조지는 이렇게 다짐하며 엘리베이터로 한발짝 내디뎠다. 이제 인생에서 진짜 도약을 할 준비가 된 것 같았다.

29

조이의 편지

버스가 장애물에 부딪혀 멈춰섰을 때, 모두가 팔을 걷어붙이고
버스를 밀어줄 수 있게 하는 것.
그것이 '심장으로 이끄는 리더'의 힘이다.

목요일 아침, 조지는 세수만 간신히 하고 허둥지둥 버스 정류장으로 달려갔다. 알람 소리를 듣지 못해 그만 늦잠을 잔 것이다. 어제 호세와 마이클과 함께 밀린 일들을 처리하느라 새벽 3시까지 일한 탓이었다. 그의 인생에서 터닝 포인트가 될지도 모를 중요한 프레젠테이션이 이제 하루 앞으로 다가왔고, 그 어느 때보다도 조이와 잭의 조언이 필요했다.

정류장에 도착하자 11번 버스가 막 떠나는 모습이 눈에 들어왔다. 조지는 젖 먹던 힘을 다해 버스를 따라 갔지만, 버스 안의 누구도 그를 발견하지 못한 모양이다. 조지는 무릎에 손을 짚고 숨을 헐떡거리며 떠나는 버스의 뒤꽁무니를 허망하게 쳐다보고 있었다.

조지는 정류장으로 돌아와 벤치에 주저앉았다.

'어제 회사에서 있었던 일들, 내가 보여주었던 열정적인 리더십, 달라진 팀원들의 분위기에 대해 들려주고 싶었는데….'

조지는 어제 미팅에서 팀원들에게 '에너지 CEO'가 되는 것이 얼마나 중요한지 이야기해주었다. 호세에게는 이번 프로젝트에 성공해 자기가 NRG 사에 남게 된다면 연봉을 인상해주겠다고 말했다. 또 만일 자기 신상에 무슨 변화가 생겨도 그에게 멘토이자 조력자로서 도움을 주겠다고 약속했다. 그는 팀원들을 애정으로 대하려고 애썼으며 팀원들도 그의 달라진 모습을 흠씬 느끼고 있었다. 팀은 에너지로 넘쳤고 여기저기서 새로운 아이디어가 튀어나왔다. 어제 하루 동안, 지난 한 달 내내 했던 것보다 더 많은 일을 해낸 것 같았다.

하지만 아직 남은 고민거리가 있었다. 프레젠테이션을 멋지게 하려면, 자료도 정리해야 하고 그래픽도 꾸며야 하고 사운드나 애니메이션 효과 같은 장치도 그럴듯하게 넣어야 했다. 그런 자잘한 일까지 다 마치려면 오늘도 두 명 정도의 인원은 밤을 새야 할 판이었다. 또 무슨 준비가 필요한지, 혹시 뭔가 놓친 게 있는지 싶어 조이와 잭에게 조언을 구하려고 했는데 하필 버스를 놓쳐버린 것이다. '할 수 없지. 이제까지 잘해왔듯이, 잘될 거야….' 심호흡을 하며 스스로를 안심시킨 조지는 다음 버스를 타고 회사로 향했다.

그런데 사무실에 도착해보니, 책상 위에 편지 한 통이 놓여 있는 것이 아닌가?

'처음 보는 편지봉투인데…. 누구…지?'

의아한 표정으로 봉투를 열어본 순간, 조지의 얼굴에 자신도 모르게 미소가 번졌다. 조이가 보낸 편지였다. 조지는 반가운 마음에 서둘러 편지를 펴 읽어 내려갔다.

조지에게.

이 편지는 제니스가 대신 써주고 있으니, 내가 핸들과 펜을 동시에 붙들고 낑낑댈까 봐 걱정하지 않아도 돼요. 오늘은 버스에 타지 않았네요. 일 때문에 일찍 출발했거나 너무 피곤해 늦잠을 잔 모양이죠? 그래도 오늘 당신에게 아홉 번째 룰이 꼭 필요할 것 같아서, 이 편지를 마티 편에 보낼 참이에요. 아홉 번째 룰은 이거랍니다.

편지는 계속 이어졌다.

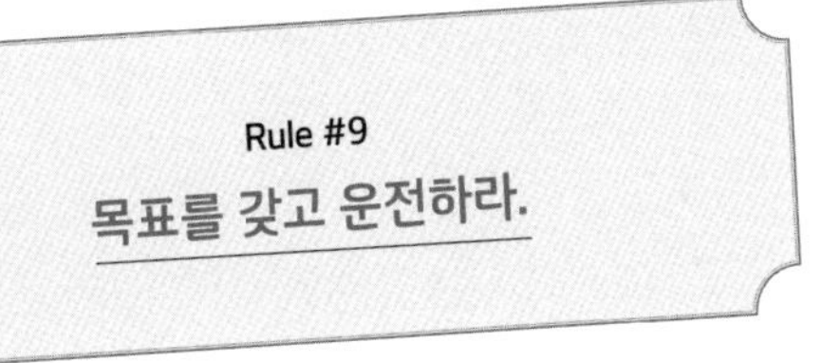

조지, 목표란 우리의 인생 여정에서 가장 중요한 연료예요. 목표를 갖고 운전해야, 지치거나 지루해지거나 엔진이 꺼지는 일이 없답니다. 지금쯤, 내일 있을 프레젠테이션 준비에 박차를 가하고 있겠죠? 물론 이번 프로젝트도 중요해요. 하지만 그 런칭이 끝나고 나면 또 무엇으로 스스로에게 열정을 부여할 것인지 물어야 할 때에요. 프로선수든 유명한 영화배우든, 세상에 어떤 직업을 가진 사람이든 마찬가지예요. 그냥 내버려두면 매너리즘에 빠지게 마련이죠. 그럭저럭 살던 삶으로 돌아가고 마는 거예요. 목표는 늘 우리를 새롭게 해준답니다.

일화를 하나 들려줄게요. 미국 대통령인 린든 존슨(Lyndon Johnson)이 미 항공우주국(NASA)을 방문했을 때의 일이에요. 대통령이 로비를 지날 때 지저분해진 바닥을 닦고 있는 청소부를 보게 됐답니다. 청소부는 세상에서 가장 즐거운 일이라도 하는 듯 콧노래를 흥얼거리며 열심히 바닥을 닦고 있더랍니다. 대통령은 그에게 다가가 치하했죠. '여태껏 자신이 본 중에서 가장 훌륭한 청소부'라고 말이죠. 그런데 그 청소부가 뭐라고 대답했는지 아세요?

"각하, 저는 일개 청소부가 아닙니다. 저는 인간을 달에 보내는 일을 돕고 있어요."

우문현답이죠? 조지, 그는 비록 바닥을 닦는 일을 하고 있었지만 더 웅대한 목표와 비전을 갖고 있었던 거예요. 그래서 자신에게 주어진 업무에서 최선을 다하며 청소부 중에서 최고가 될 수 있었던 거죠.

사람들은 나를 '버스 운전사'라고 불러요. 하지만 내 목표는 그 이름보다 훨씬 크답니다. 나는 사람들이 가진 에너지와 그들의 삶을 변화시키도록 돕는 에너지 홍보대사이자 코치니까요. 물론 나도 가끔은 버스 운전이 지겨워질 때가 있죠. 세상에 어떤 일이 안 그렇겠어요? 하지만 내가 수많은 사람들의 인생을 절망의 구렁텅이에서 끌어올렸다는 걸 생각하면, 오늘은 또 어떤 사람을 만날까 생각하면, 저절로 에너지가 넘쳐요. 바로 그 때문에 내 버스에 한번 오른 승객들은 계속 내 버스만 타는 거겠죠. 나는 목표를 갖고 운전을 하니까요.

당신의 버스에 '목표'라는 연료를 채운다면 지루한 것에서 흥미를, 반복되는 일상에서 열정을, 평범한 것에서 비범한 것을 발견하게 될 거예요. 목표가 없는 삶은 삶이 아니에요. 현재 자신에게 가장 필요한 것, 그 목표를 너무나 많은 사람들이 잊고 살아요. 그 안에서 일하는 사람들한테 활기가 없는데 기업이 활기를 가질 수 있을까요? 직원들의 에너지와 열정을 질식시키는 문화와 시스템은 놔두고 다른 데서 답을 찾으려 해봐야 문제는 해결되지 않아요. 목표가 없는 사람들은 외부의 압박, 그러니까 프로젝트나 마감, 위기가 닥쳤을 때만 바짝 긴장해서 그걸 해결하려고 하지요. 그러니 열정이 오래 갈 리 만무하고요.

목표라는 연료를 채워줌으로써, 팀에 활기를 불어넣고 날개를 달아주세요. 프레젠테이션 전에 더 큰 목표와 비전을 세우고, 이후에 도 그 목표를 팀의 연료로 삼도록 하세요. 그 목표와 비전은 물론 당신 스스로 찾아야겠죠. 내가 알려줄 수 있는 게 아니니까요.

첫 번째 룰을 기억하죠? 당신 버스의 운전사는 바로 당신이라는 것. 당신은 앞이 가장 잘 보이는 운전석에 앉아 있으니, 당신이 설정한 비전과 목표를 당신 버스에 올라탄 팀원들과도 나눠야 해요. 그들이 그 목표와 비전의 일부분이 된다면, 더 열심히 더 오래 당신을 위해 일할 겁니다.

잭 역시 이 룰을 배우기 전에는 몇몇의 재능에 기대서 당면한 과제를 해결하려고 숱하게 밤을 새웠대요. 오늘에만 포커스를 맞추지 말고, 앞으로도 매일 목표를 향해 운전하면서 팀원들에게 목표를 심어주세요. 그럼 팀원들은 버스가 순조롭게 나아갈 때 그 안에 타고 있을 뿐 아니라 버스가 고장 나서 도로 위에 멈춰 섰을 때도 다 함께 힘을 모아 그 버스를 밀어줄 거예요. 공동의 목표는 팀에 에너지를 불어넣고 하나로 똘똘 뭉치게 해주죠. 절대로 잊지 마세요, 조지.

– 조이로부터

'역시 조이야!'

조이는 조지가 지금 무엇 때문에 목말라 하는지, 그에게 절실히 필요한 것이 무엇인지 너무나 잘 알고 있었다. '목표와 비전이라….' 하지만 구체적으로 어떻게 해야 하는지는 난감했다. 그때 조지는 조이의 편지 뒤에 한 장의 메모지가 더 들어 있는 것을 발견했다. 마티가 쓴 노트였다.

조지, 마티예요. 제가 찾은 자료에 흥미로운 실험결과가 있어 알려드릴게요.
한 기관에서 2개의 각기 다른 엔지니어팀에게 비행기 조립을 의뢰했대요. A팀에게는 완성된 모델의 모형도를 제시해주면서, 그 비행기가 '역사상 가장 빠르고 새로운 첨단의 기종'이 될 것이라는 비전을 주었답니다.
반면, B팀의 경우에는 완성된 비행기가 어떤 모양이 될지, 그리고 그것이 어떤 의미를 지닌 비행기인지는 전혀 알려주지 않고, 단지 몇 개의 소그룹으로 나누어 각각의 부분을 조립하도록 한 다음 그것을 합쳐 비행기 전체를 완성하라고 지시했어요.
결과가 어땠을까요? 비전이 주어진 A팀이 그렇지 않은 B팀보다 훨씬 더 열심히 작업에 몰두했고, 시간도 B팀의 절반밖에 안 걸렸답니다. 당신이 꼭 이 이야기를 알아야 할 것 같아서요.
– 마티로부터

마티의 조언 덕분에 조지의 머릿속에서 퍼뜩 아이디어가 떠올랐다. 마티가 앞에 있었다면 덥석 껴안아주기라도 했을 것이다.

조지는 당장 팀원들을 회의실로 불러 모았다. 팀원들은 이미 그의 버스에 올라탔으니, 이제 목표와 비전과 동기부여로 박차를 가할 차례였다. 조지는 자신이 지금 떠올린 아이디어가 힘을 발휘하길 진심으로 빌었다.

30

하나가 된 팀

버스의 행선지를 모든 사람들이 알고 있을 때,
그리고 그 여행에 신나게 동참할 때,
버스는 무한의 힘을 발휘해 로켓처럼 달려간다.

일단, 우리 팀에도 뚜렷한 목표와 비전이 필요하다. 하지만 '일방적으로 내가 정한 목표와 비전을 제시하는 것보다는 팀원들과 함께 공동의 목표와 비전을 구상하는 것이 더 좋지 않겠는가'. 그것이 조지의 아이디어였다. 지시하듯이 일방적으로 말해주는 것보다 팀원들이 바라는 비전을 함께 만드는 것이 훨씬 더 효과적이고 의미 깊을 것이라는 판단에서였다.

조지의 아이디어는 확실히 효과가 있었다. 그가 배웠던 룰, 그리고 조이가 써주었던 편지 내용을 설명하자 팀원들은 적극적으로 회의에 참여하기 시작했다. 그들은 자유롭게 의견을 주고받으며 토론을 했고, 회의실 안은 마치 탁구테이블 위에서 공이 오가는 것처럼 에너지가 통통 튀었다. 한켠에서는 베티가 팀원들에게서 나온 아이디어를 화이트보드에 적어 내려갔다.

한 시간이 넘는 뜨거운 토론 끝에 그들은 모두가 동참할 3가지 비전을 완성해냈다. 조지의 팀이 앞으로 나아갈 비전은 아래와 같았다.

1. 우리는 최고의 아이디어와 마케팅 전략을 동원하고 최고의 결과를 지향한다.

2. 우리는 목표를 갖고 일하고 긍정적인 에너지를 공유함으로써, 우리 팀 그리고 나아가 회사 전체에 영향을 끼치는 에너지 CEO가 된다.

3. 우리는 빛을 나누는 사람들이다. 우리가 만드는 것은 단순한 전구가 아니다. 어린이들이 잠자리에 들기 전에 책을 읽으며 꿈을 키우도록, 위급한 상황에 놓인 환자가 어두운 밤에도 서랍 속 약을 찾아 생명을 보호하도록, 이른 새벽 하루를 시작하는 사람들이 밝게 하루를 시작하도록, 내일의 희망을 위해 오늘을 준비하는 학생들이 밤을 밝히며 공부할 수 있도록 돕는 '빛', 그것이 우리가 만드는 제품이다. 우리의 임무는 스위치를 켜는 세상 모든 사람들, 그들의 방, 나아가 그들의 인생을 환하게 밝혀주는 것이다.

오늘 이후로 그들이 팔 제품은 단순한 '전구'가 아니었다. 회의실 안에 흐르는 에너지는 아까와는 완전히 달라져 있었다. 회의를 시작할 때도 사뭇 달아올라 있었지만, 분명 무언가 변화가 느껴졌다. 팀원들은 다른 사람보다 돋보이려고 애쓰는 대신, 서로 협력하며 한 방향을 향하고 있었다. 개인적인 욕심이나 사사로운 감정은 사라졌다. 갈등과 충돌도 찾아볼 수 없었다. 목표와 비전에 한껏 고무된 팀원들은 이제, 자기 자신보다 더 큰 무언가에 기여하기 시작했다. 개성은 있으나 소음에 불과한 전자악기들이 한데 뭉쳐 멋진 록 밴드의 음악을 만들어내는 것처럼, 팀원들은 순식간에 하나로 뭉쳤다. 공동의 비전과 공동의 목표, 긍정 에너지라는 강력한 힘을 가지고 다 함께 한 방향을 향한 버스에 올라탄 것이다.

그리고 그날 밤이 지나고 새벽 2시경이 되었을 때, 사무실을 둘러보던 조지는 어제와 다른 사무실 분위기에 깜짝 놀랐다. 더 이상 몇몇이 외롭게 남아 철야를 할 필요가 없었다. 게다가 팀원들은 버스에 함께 타고 있는 데 머물러 있지 않았다. 그들은 이제 모두 버스를 움켜잡고 한 방향을 향해 밀고 있었다. 늦게까지 모두 남아 프레젠테이션 준비를 하는 팀원들을 보고 조지는 씨익 미소를 지었다. 뿌듯한 훈기가 마음에 차올랐다.

팀원들이 공들여 쏟아부은 열정과 에너지는 내일 임원들 앞에서 냉정한 평가를 받게 될 터였다.

31

결전의 날

지금 단 한 번 주어진 이 아름다운 여행.
그것을 흠뻑 즐긴다면, 온 우주가 우리에게
얼마나 많은 선물을 준비해두었는지 놀라게 될 것이다.

금요일. 드디어 결전의 날이다. 지난주만 해도 조지는 오늘이 NRG 사에서의 생활에 종지부를 찍는 날이 될 거라고 예상했었다. 하지만 오늘 그는 그 어느 때보다 기운이 넘쳤다. '오늘은 그동안 에너지 버스에서 배운 룰들을 진짜 실행으로 옮기는 새로운 시발점이 될 것이다.' 조지의 마음은 희망으로 가득 찼다.

연달아 야근을 한 걸 생각하면 피곤할 법도 했지만 조지는 전혀 피로감을 느끼지 못했다. 아침에 집을 나설 때 아내가 진한 키스로 배웅을 해주었다. 에너지 버스 티켓을 주어 자신의 버스에 초대하고, 심장으로 아내를 대하는 방법대로 하나둘 표현하고, 아내와 함께 가족의 비전을 세워가는 동안, 둘의 사이는 서서히 예전의 열정으로 돌아갔다. 새벽녘 아내는 잠에서 깨어나 조지를 사랑스러운 눈빛으로 바라보며 말했다. "열정적이고 자상한 당신으로 돌아와줘서 기뻐요. 오늘 프레젠테이션 결과가 어떻든, 앞으로 당신이 직장에서 어떻게 되든 이젠 상관없어요. 난 당신을 믿어요. 사랑해요." 아이들도 예전보다 많이 웃는 아빠의 달라진 모습에 행복해했고 새미도 부쩍 애교를 부리며 그를 따랐다.

버스정류장에 도착한 조지는 조이와 잭, 제니스와 마티, 그리고 다른 승객들을 만나보고 싶은 마음에 어서 빨리 버스가 왔으면 좋겠다고 생각했다. 정비소에 맡긴 차는 오늘 저녁이면 찾을 수 있을 터였고, 운이 좋아 계속 직장에 다니게 된다면 다음 주부터는 다시 차를 몰고 다니게 될 것이다. 오늘이 에너지 버스를 타는 마지막 날이라고 생각하자, 새삼 모두가 그립고 고마웠다.

드디어 조이의 버스가 도착했다. 막 올라타려고 할 무렵, 한 남자가 중얼거리며 버스에서 내려 그의 옆을 스치고 지나갔다.

"우울해하며 살기에는 감사할 것들이 너무 많다…." 남자는 뒤로 돌아서더니 버스를 향해 큰 소리로 외쳤다. "조이, 고마워요!"

버스 안에서 조이의 힘찬 목소리가 들려왔다. "잊지 마세요. 이 세상에는 우리가 감사할 것들이 너무 많다는 걸요!"

'저 사람도 에너지 버스의 새 동승자로군.' 조지는 2주 전의 자신을 떠올리며, 흐뭇한 미소를 지었다.

버스에 오르자, 승객들 모두가 커다란 박수로 조지를 환영했다.

"오늘이 바로 그날이죠? 우리 모두 당신을 위해 긍정 에너지를 팡팡 불어넣어주면서 힘차게 응원할 테니까 마음 든든히 먹어요." 조이가 말했다.

조지는 편지를 보내준 조이와 마티, 그리고 지난 2주 동안 자신을 도와준 모든 에너지 버스의 승객들에게 감사의 말을 전했다. 그러면서 어제 아홉 번째 룰을 통해 경험한 놀라운 효과, 팀에서 일어난 엄청난 변화에 대해 들려주었다.

"제게 에너지를 불어넣어준 여러분, 모두 정말 감사합니다!" 조지는 큰소리로 에너지 버스의 승객들을 향해 외쳤다.

"그래, 오늘 기분은 어때요?" 조이가 다정한 목소리로 물었다.

"끝내줍니다. 팀원들도, 저도 준비가 다 됐습니다. 물론 조금 긴장되긴 하지만, 뭐 큰일을 앞두고 이 정도 긴장이야 당연한 거 아니겠어요?"

"그래요, 조지. 긴장이란 당연한 감정이죠. 하지만 긴장한다는 건 곧 두렵다는 뜻이기도 해요. 그리고 언제나 한결같이 그 두려움을 이기는 건 '믿음'이에요. 긴장감 때문에 유발되는 에너지는 그 강도도 약하고 생명력도 오래 가지 못해요. 반면에 믿음은 당신의 버스를 어디로든 달려갈 수 있게 해주는 아주 강력한 연료지요." 조이의 말에 조지는 '믿음이야말로 자신의 인생을 지켜줄 테마'라 생각하며 고개를 끄덕였다.

"좀 전에 버스에서 내린 그 신사에게도 얘기해줬어요. 모두들 눈에 보이는 스트레스에만 너무 신경을 쓰는 나머지, 감사해야 할 것들은 까맣게 잊어버리고 만다고요. 그러니까 오늘 프레젠테이션 하러 들어갈 때 너무 긴장하거나 스트레스 받지 말고, '축복 받았다', '감사하다'고 생각하세요. 취업문제로 고민하는 사람들이 수두룩한데 직장이 있다는 게 얼마나 감사해요? 당신을 믿고 따라와주는 팀원들과 가족이 있다는 사실이 얼마나 고마워요? 걸을 수 있고 말할 수 있다는 건 또 얼마나 감사할 일인가요? 당신이 받고 있는 축복은 밤하늘의 별보다도 많아요. 감사하는 마음을 가지면 스트레스도 짜증도 끼어들 틈이 없어요. 이렇게 감사하는 마음만 갖는다면, 오늘 당신은 성공할 거예요. 또 기운이 절로 나서 결승점에 쉽게 골인할 수 있을 거예요."

버스 안을 둘러본 조지는 모든 승객들이 조이의 말을 모조리 빨아들일 듯 경청하고 있다는 것을 깨달았다. 그리고 승객들 한 명 한 명에게 눈길을 주었다. 그러다가 버스 좌석 가운데쯤에 앉아 있는 처음 보는 한 노신사와 눈이 마주쳤다. 마른 체구에 중절모와 안경을 걸친 노신사의 얼굴에는 깊은 연륜이 느껴졌다. 깊게 패인 주름에서는 기나긴 세월 동안 겪었을 수많은 이야기들, 인생이라는 긴 여행 동안 얻었을 깨달음이 묻어 나왔다. 조지가 목례를 건네자, 노신사 역시 모자를 벗으며 답례를 했다.

"벌써 두 분이 인사를 나누고 계시네요. 역시 조지, 당신을 위해서 언제나 적절한 순간에 적절한 이정표가 나타나는가 봐요." 조이가 노신사를 조지에게 소개했다.

"에디 씨예요. 에디는 알츠하이머를 앓는 부인 때문에 요양원에서 저와 만나게 됐죠. 안타깝게도 할머님은 돌아가셨고, 에디는 그 때문에 정말 힘든 시간을 겪었지요. 하지만 1년이 지난 지금, 에디는 다시 예전의 인생을 되찾았어요. 제가 에디를 처음 만난 지 벌써 20년이나 됐는데, 그 어느 때보다 더 활기차고 바쁘게 지내고 계세요. 에디, 연세가 어떻게 되시는지 조지에게 말해주세요."

"올해 여든여덟이라네." 에디가 대답했다.

"그 나이로 안 보이시죠? 에디는 매일 피아노를 치고, 시를 쓰고, 기차를 타고 친척들을 만나러 다니신답니다. 그리고 새로운 사람을 만나거나 새로운 장소에 갈 때, 새로운 일을 하러 갈 때면 늘 제 버스를 타세요. 에디가 제게 가르쳐준 아주 놀라운 삶의 비밀이 하나 있어요. '삶의 목표는 여정 자체를 즐기는 것, 젊고 즐겁게 살다가 얼굴에 웃음을 띤 채 마지막 종착역에 도착하는 것이다.' 이 교훈 덕분에 제 삶도 엄청나게 달라졌죠. 그래서 열 번째 룰이 탄생했답니다. 대니, 보여주세요."

Rule #10

버스에 타고 있는 동안 즐겨라.

"우리 모두 이 버스의 마지막 종착역이 뭔지 알고 있어요. 아무도 피해갈 수 없는 곳. 우리는 모두 그곳을 향해 가고 있어요. 하지만 중요한 건 그곳에 도착하기 전까지의 여정을 얼마나 즐기느냐 하는 데 있죠. 결국 우리에게 주어진 인생은 한 번, 단 한 번이니까요. 인생은 반복해서 탈 수 있는 놀이기구가 아니에요. 한 번밖에 없는 여행이기 때문에 최대한 즐겨야 하죠. 여행 자체를 즐긴다면 우리는 이 우주가 주는 선물을 있는 그대로 만끽할 수 있을 거예요.

그런데도 사람들은 때로 지금 눈앞에 선물로 주어져 있는 그 커다란 우주를 보지 못하고 조그만 것에 집착하죠. 승진, 마감일, 이메일에 대해 걱정하고, 동료들과 말다툼을 벌이고, 내일이면 깨끗이 잊어버릴 사소한 일로 가족들과 싸우죠. 버스를 타고 달리면서도 창밖에 펼쳐지는 아름다운 풍광과 하늘빛을 제대로 만끽하지 못하는 거예요. 한번 생각해보세요. 당신이 죽는 그날에도 메일함에는 30~40통의 메일이 쌓여 있을걸요? 어차피 아무리 버둥대도 그것에는 답장을 쓸 수 없잖아요. 그러니 마음을 편히 먹고, 심호흡을 한 다음 여행을 마음껏 즐기세요. 마티, 노인들을 대상으로 한 설문조사 결과를 좀 들려주세요."

마티가 신이 나서 입을 열었다.

"전 이 설문 결과가 정말 맘에 들어요. 한 설문조사에서 95세 노인들에게 질문을 던졌대요. 만약에 다시 태어나 인생을 산다면,

지금과 무엇이 달라지고 싶냐고. 그랬더니 가장 많이 나온 대답 3가지가 이거였어요."

1. 감정을 더 많이 표현하고 싶다. 더 많이 순간을 즐기고 기뻐하며, 해가 뜨는 것과 지는 것을 더 깊이 음미할 것이다.
2. 과감하게 기회를 향해 도전해보고 싶다. 시도해보지도 않고 흘려보내기엔 인생이 너무 짧다.
3. 내가 죽은 후에도 사람들이 나를 기억해줄 무언가를 남기고 싶다. 후세에게 유익한 유산을 남기고 싶다.

마티의 설명이 끝나고 나자 조이가 다시 말했다. "자, 무슨 말인지 알겠죠, 조지? 여기 있는 에디로부터, 또 설문조사에 참가했던 노인들로부터 뭘 배워야 하는지 알았을 거예요. 후회 없는 삶을 살아야 해요. 과거를 뒤돌아보며 '그때 그렇게 했어야 했는데, 저렇게 했어야 했는데….' 하는 사람이 되어서는 안 돼요. 잃을 건 아무것도 없고 얻을 것만 있다는 자세로 인생을 살아요. 크리스마스 아침에 어떤 선물을 받게 될까 궁금해 죽겠어 하는 어린아이처럼 말이에요. 스트레스에 압도당해 감사하는 마음을 잊어선 안 돼요. 당신의 버스를 다른 버스와 비교하지 마세요. 그저 당신의 버스 여행만 즐기면 되는 겁니다. 오늘 프레젠테이션에 들어가서도 액셀레이터를 밟고 그저 신나게 달린다고 생각하세요. 당신의 에너지로 회의실 분위기를 싹 바꿔놓으면 사람들도 입을 모아 당신을 칭찬할 걸요? 그저 목표와 즐거움을 갖고 하루하루 살아가면 됩니다. 조이(Joy)라는 내 이름만 기억하면 되니까, 간단하죠?" 조이는 룸미러를 올려다보고는 깔깔댔다.

"그리고 이걸 꼭 기억해두세요. 당신이 남길 수 있는 최고의 유산은 귀한 보석이나 당신 이름을 딴 건물이나 재산이 아니라는 걸요. 당신이 남길 최고의 유산은 존재와 기쁨, 긍정적인 행동의 영향을 받아 변화한 주변 세상이에요."

드디어 버스가 NRG 사 앞에 멈췄다. 승객들은 모두 조지가 내리기 전에 앞으로 나와 그와 악수나 포옹을 하거나 하이파이브를 했다. 잭은 조지에게 자신의 명함을 건네며, 다들 프레젠테이션 결과를 궁금해할 테니 나중에 전화로 알려달라고 했다. 조이는 누구보다도 따뜻하게 조지를 안아주었으며, 그가 버스에서 내리고 난 후에도 승강대 위에 서서 마지막 당부의 말을 전했다.

"오늘은 당신을 위한 날이에요. 그리고 당신의 인생이고요. 내가 늘 얘기했죠. 당신이 이 버스를 탄 건 다 이유가 있다고. 그 이유는 바로 오늘, 그리고 앞으로 인생을 살면서 더 확실하게 알게 될 거예요."

조지는 회사 건물로 걸어가며 오늘이 NRG 직원으로서 이 문을 여는 마지막이 될 수도, 에너지 CEO로서의 첫날이 될 수도 있다

고 생각했다. '두 시간 후면 모든 일이 판가름 나겠지….'

결과가 어떻게 되든, 조지는 자신의 버스가 옳은 방향을 향해 달리고 있으며 자신이 남은 여행을 즐길 준비가 되어 있다는 확신이 들었다.

32

프레젠테이션

긍정 에너지에 불이 붙으면 그 신명에 중독되듯 녹아든다.
인생은 무지개빛으로 변하고 주위는 기적처럼 밝아진다.
이것이 에너지의 힘이다.

NRG의 중역들은 회의실 탁자에 둘러 앉아 앞으로 닥칠 조지의 실패를 점치고 있었다. 입사 초기에는 조지에게 많은 기대를 걸었지만 그의 실적은 날이 갈수록 악화되기만 했고, 그들은 오늘이 조지의 마지막 날이 될 거라고 예상했다. 오늘 프레젠테이션이 어떨지는 안 봐도 뻔한 노릇이었다.

NRG-2000은 한 달 후에 정식 출시될 예정이며, 이번 프레젠테이션은 마케팅팀이 그나마 신제품 런칭 준비를 제대로 하고 있는지 아니면 평소처럼 헤매고 있는지 가늠하는 잣대가 될 것이다. 오늘 이후 중역들은 조지 대신 외부에서 스카우트 한 유능한 인물을 마케팅 팀장 자리에 앉힐 생각이었다. 지금 막후 협상 중이었다. NRG-2000은 회사에서 야심 차게 추진하는 프로젝트로, 회사 수익을 좌우할 신제품이었다. 회사의 사활이 걸린 프로젝트를 무능한 조지에게 맡길 수는 없는 노릇이었다.

조지는 회의실 앞에 모여 있는 중역들의 눈빛에서 부정적인 생각과 회의를 읽을 수 있었다. 다들 그가 실패할 거라고 예상하고 있었다. 당연한 일이었다. 심장이 방망이질 치기 시작했고 머리가 멍해졌다. 두려움이 점점 차오르기 시작했다.

'아냐, 이러면 안 돼. 여기서 기죽으면 안 돼.'

조지는 자신의 긍정 에너지가 다른 사람들의 부정 에너지보다 더 커야 한다는 조이의 말을 떠올렸다. 그리고 환하게 미소를 짓고 있는 조이의 얼굴을 떠올리며 여러 차례 심호흡을 했다. 그러자, 놀랍게도 두방망이질 치던 마음이 금세 가라앉았다. 앞으로 그의 인생에 수많은 실패가 있을지도 모르지만, 오늘이 그날이 되어서는 안 된다. 오늘은 절대로 실패해서는 안 되는 날이었다.

그리고 마침내…. 중역들이 그의 끔찍한 실패를 예상한 것과는 정반대로, 조지와 그의 팀은 런칭 프레젠테이션을 아주 성공적으로 치러냈다. 중역들은 지금껏 회사 내 어느 부서가 했던 프레젠테이션보다도 훌륭했다며 칭찬을 아끼지 않았다. 프레젠테이션 내내 조지의 버스는 거침없이 달렸고 회사 중역들도 그 버스에 기꺼이 올라탔다.

프레젠테이션이 끝난 후, 조지와 그의 팀은 한데 모여 얼싸 안고 하이파이브를 날렸다. 중역들은 너나없이 감탄에 찬 표정으로 조지에게 다가와 '어떻게 이렇게 짧은 시간에 그런 변화를 이뤄냈냐'며 비결을 궁금해했다.

"저는 단순한 관리자가 아니라 에너지 CEO가 되기로 결심했거든요."

조지의 엉뚱한 대답에 중역들은 고개를 갸우뚱거렸지만 조지는 아무래도 상관없었다. 자신의 에너지 버스에 중역들을 태우고 그들에게 진정한 에너지 CEO가 되는 법을 설명해줄 시간은 앞으로도 충분했다. 그저 오늘만은 편안하게 마무리하고 싶었다. 팀원들에게 하루 휴가를 주고 자신이 팀원들에게 얼마나 감사하는지 말해줄 생각이었다. 오늘 조지는 극적인 9회 말 역전 만루홈런을 터뜨린 셈이었다.

그리고 팀원들이 그를 한 번 더 놀래켜 주었다. 조지가 오늘은 집에 일찍 들어가서 푹 쉬라고 말했지만, 아무도 자리를 뜨려고 하지 않았던 것이다. 다들 이대로 그냥 집에 가기는 아쉽다며 함께 승리를 자축하자고 난리였다. 함께 모여 승리의 달콤함을 실컷 즐기고 오늘 발산한 에너지에 흠뻑 취하자는 것이었다.

'그래! 다들 하나의 프로젝트에 온 마음과 열정을 쏟아 붓고 공동의 목표를 위해 힘차게 달렸어. 축배 정도는 들어줘야겠지?'

팀원들은 놀라운 일을 해냈으니 축하와 대접을 받을 자격이 충분히 있었다. 조지는 그러한 팀원들의 마음을 거부할 수가 없었다. 그 어느 때보다도 그들에 대한 강한 사랑이 솟아올랐다.

조지는 작은 식당에서 팀원들과 조촐한 파티를 열었다. 모두들 오후 내내 오늘 이뤄낸 성공과 그 느낌에 대해, 앞으로 이 성공을 지속시키기 위해 펼쳐나갈 계획에 대해 이야기꽃을 피웠다. 그들은 자신이 탄 버스가 어디로 향하고 있는지 잘 알고 있었으며, 지금 그 버스 여행을 신나게 즐기고 있었다.

33

조이(Joy), 그리고 삶의 기쁨을 위해

주변에 아무 이유 없이 실실거리며
사소한 일에도 기뻐하는 사람이 있는가?
그는 무엇이 행복인지 알고 있는 사람이다.

조지는 저녁 무렵 차를 찾으러 정비소에 들렀다. 정비소는 막 문을 닫으려던 참이었다. 오후에 팀원들과 가졌던 멋진 시간 덕분에 아직도 들떠 있던 조지는 경쾌한 걸음걸이로 카운터로 다가갔다. 붉은빛이 도는 머리칼을 한 젊은 여직원이 "어서 오십시오!" 하며 싹싹하게 인사를 건넸다. 그런데 조지는 그 여직원의 이름표를 보고 웃음을 터뜨리지 않을 수 없었다. 그녀의 이름이 '조이'였던 것이다.

"뭐가 그렇게 재미있으세요?" 여직원이 물었다.

"아무것도 아닙니다. 당신 이름이 마음에 들어서요."

모든 것이 분명해졌다. 2주 전만 해도 조지는 자신의 인생에 닥친 불운과 불행을 원망하며 하늘에 저주를 퍼부었지만, 이제 하늘은 그의 편이 되어 한 발짝 한 발짝 친절하게 이끌어주고 있었다. 좋은 일이든 나쁜 일이든, 자신에게 일어난 모든 일이 자신을 지금 이 순간으로 이끌었다는 것을 그는 깨달았다.

타이어가 펑크 나지 않았더라면 절대 조이와 만나지 못했을 것이다. 직장에서 수많은 역경과 도전을 겪지 않았더라면, 팀을 이끌기 위한 더 좋은 방법을 배울 엄두도 내지 못했을 것이다. 덕분에 직장에서나 개인적으로나 그의 미래는 훨씬 밝아졌다. 아내가 그를 떠나겠다고 최후통첩을 하지 않았더라면, 둘의 관계가 심각하게 악화돼 있다는 사실조차 깨닫지 못했을 것이다. 예전에는 자신에게 불운만을 안기는 세상을 원망하기 바빴지만, 이제 그의 눈에는 밝고 긍정적인 것들만 들어오기 시작했다.

조이는 자신을 처음 만났을 때부터 '모든 일에 다 이유가 있다.'고 말했다. 그러나 그때는 세상 속에서 허우적대며 눈앞의 일들을 헤쳐 나가기도 급급해 그게 무슨 뜻인지 몰랐다. 이제는 모든 것이 분명해졌다. 인생은 시험의 연속이며, 모든 역경은 우리가 성장하고 도약하도록 돕는 발판이다. 부정적인 사건과 부정적인 사람들조차 우리가 원하지 않는 것이 무엇인지 알려줌으로써, 우리로 하여금 원하는 일에 에너지를 쏟을 수 있게 도와준다.

조지는 이제 어떤 문제에 직면하더라도, 그것이 마치 토네이도처럼 자신을 휩쓸도록 내버려두지 않고 '내가 이 상황에서 무엇을 배울 수 있을까? 이 문제는 나에게 무엇을 가르쳐주려는 것일까?'

하고 질문을 던지기로 결심했다. 긍정적인 태도와 확고한 믿음으로 대처한다면, 그 문제를 겪고 난 다음에는 더 강하고 현명한 사람으로 성장해 있으리라.

카운터에 있던 여직원이 그에게 자동차 키를 건네며 말했다.
"운전 즐겁게(en-joy) 하세요. 다시 차를 몰게 돼서 기분 좋으시겠어요."

고맙다는 인사를 하고 차를 향해 걸어가는 동안 '즐겁게(en-joy)'라는 말이 계속 조지의 머릿속을 맴돌았다. '조이'가 계속 그의 삶에 나타나는 것이, 지금 이 순간에도 그의 마음에 말을 걸어주는 것이 놀랍기만 했다. 조이의 심장이 이렇게 속삭이고 있었다. 과거에서 교훈을 배우되 과거에 집착하지 말라고. 미래의 모습은 현재가 결정하는 것이므로 미래에도 집착하지 말라고…. 그리고 '현재에 집중하라'고. 당당하게 고개를 들고 가슴을 기쁨으로 가득 채우라고 말이다.

그는 지난 2주 동안 배운 룰들보다 더 중요한 한 가지 룰이 자기 앞에 놓여 있음을 깨달았다. '그 룰들을 아는 데서 그치는 것이 아니라 직접 실천하고 경험하고 느껴야 한다.'는 룰이었다. 타고 있는 버스가 자신을 어디로 데려가든, 어떤 길이 앞에 놓여 있든, 기쁨을 가지고 매순간을 즐기며 여정을 계속해야 한다. 그의 인생을, 직장과 가정을 즐거움으로 채운다면 얼마나 멋지고 신나는 여행이 될 것인가! 즐거움만 있다면 모든 일은 훨씬 더 수월하게 흘러갈 것이다.

조지는 차를 몰고 집으로 돌아오면서 모든 일에서 즐거움을 찾기로 다짐했다. 직장에서 어떤 프로젝트를 추진할 때든 가족들과 시간을 보낼 때든, "이 일에서 찾을 수 있는 즐거움은 뭘까?", "나는 지금 즐거운가?", "어떻게 하면 더 즐거운 시간을 보낼 수 있을까?" 하고 생각해보기로 했다. 조지는 이미 '조이(Joy)의 버스'를 타는 것이 어떤 것인지 직접 경험했고, 앞으로는 '기쁨'이라는 감정을 자신의 버스에 태울 영원한 승객으로 만들 생각이었다.

조지는 주머니에서 휴대전화를 꺼내 어머니 집의 번호를 눌렀다. 바로 얼마 전에 힘겨운 약물 치료와 방사선 치료를 끝낸 어머니에게 지금 즐겁고 긍정적인 감정이 무엇보다 필요하리라 생각했다. 앞으로 어머니께 허락된 시간이 1년일지 10년일지는 알 수 없지만, 남아 있는 시간만이라도 하루하루 즐겁게 사시라는 말을 꼭 해드리고 싶었다. 매순간의 기쁨을 맛보고, 힘든 시기지만 두려움이 아닌 사랑으로 충만한 삶을 보내시라고 말씀드리고 싶었다. 자신의 기쁨이 어머니의 낙담과 고통을 조금이라도 덜어드릴 수 있길 바랐다. 하지만 수화기 저 너머에서 어머니의 목소리를 듣는 순간, 조지는 아무 말도 할 필요가 없다는 것을 깨달았다. 삶의 즐거움은 누군가 억지로 말로 전할 수 있는 것이 아니다. 당신 스스로가 직접 느끼고 경험해야 하는 것이다. 그의 입에서 튀어나온 말은 단 한 마디뿐이었다. 조지는 마음 깊은 곳에서 우러난 진심을 담아 말했다. "어머니, 사랑해요!"

34

다시 버스에 오르다

그의 여행은 끝나지 않았다.
언제까지라도 사랑하는 사람들과 계속될 기쁨의 여행.
이제 그것은 시작일 뿐이다.

월요일 아침.

11번 버스가 정류장에 멈춰 서자, 조지는 얼른 버스 위에 올라탔다. 그는 버스에 타자마자 조이를 따뜻하게 껴안고는 승객들에게 외쳤다.

"해냈어요! 프레젠테이션을 완벽하게 마쳤어요!"

조지는 승객들의 환호와 박수 속에서 잭과 대니, 마티와 하이파이브를 했다. 다들 조지에게 축하의 인사를 건넸다. 잠시 후 조지는 서류가방을 열어 커다란 인쇄물을 꺼냈다.

"그게 뭐예요?" 조이가 물었다.

"새로운 안내판이에요. 사람들이 10가지 룰을 배우려면 큼지막하게 잘 보이는 게 나을 것 같아서요. 지금 저기 있는 건 손으로 쓴 거라 읽기가 힘들어요. 그래서 제가 근사하게 한번 뽑아봤죠! 앞으로 버스에 탈 승객들에겐 이걸 보여주세요."

행복한 인생을 위한 10가지 룰

❶ 당신 버스의 운전사는 당신 자신이다.
❷ 당신의 버스를 올바른 방향으로 이끄는 것은 '열망', '비전', 그리고 '집중'이다.
❸ 당신의 버스를 '긍정 에너지'라는 연료로 가득 채워라.
❹ 당신의 버스에 사람들을 초대하라. 그리고 당신의 비전에 동참시켜라.
❺ 버스에 타지 않은 사람들에게 에너지를 낭비하지 마라.
❻ 당신의 버스에 '에너지 뱀파이어 탑승 금지' 표지판을 붙여라.
❼ 승객들이 당신의 버스에 타고 있는 동안, 그들을 매료시킬 열정과 에너지를 뿜어라.
❽ 당신의 승객들을 사랑하라.
❾ 목표를 갖고 운전하라.
❿ 버스에 타고 있는 동안 즐겨라.

"이렇게 고마울 데가! 인쇄해서 만드니까 훨씬 보기 좋네요. 덕분에 10가지 룰들이 더 그럴듯해 보이는 걸요?"

“아, 빨리 거기 있는 거 떼고 걸어요!” 마티가 버스 뒤편에서 외치자 모든 승객들이 고개를 끄덕였다.

조이는 조지에게 건네받은 새 안내판을 버스 내부 앞쪽에 단단히 고정시켰다.

“조지, 이제부터 버스에 타는 모든 사람들에게 당신 이야기를 들려줄 거예요. 아마 귀가 좀 간지러울걸요? 이 멋진 안내판을 만들어준 남자, 용감하게 어둠을 뚫고 나가 자신만의 빛을 찾아낸 남자 얘기를 해줄 거예요. 당신의 성공스토리를 만방에 알려야죠.”

“아, 기분 좋은 말이네요. 정말 영광입니다!” 조지는 손날을 세워 눈썹 끝에 갖다 대고 경례를 날렸다. “하지만 어떡하죠? 주인공 앞에서 그 얘길 들려주셔야 할 거 같네요. 제가 마음을 바꿨거든요. 이제부터 버스로 출근할 겁니다. 자가용도 좋지만 버스 타는 게 훨씬 더 재밌거든요!”

“그래요? 잘 생각했어요! 역시 버스가 낫죠?”

조이는 활짝 미소를 지으며 대답했다. 조이는 다시 엑셀레이터를 밟고 ‘에너지 버스’를 기다리고 있을 누군가를 향해 다음 정류장으로 힘차게 출발했다. 앞으로 또 어떤 사람이 이 버스에 타게 될지 모르지만, 분명히 머지않아 조지처럼 많은 것들을 배우게 될 것이다.

앞으로 만나게 될 또 다른 수많은 '조지'를 기대하면서, '에너지 버스'는 부르릉거리며 힘차게 앞으로 달려갔다. 부릉부릉~!

옮긴이의 말

이제, 당신의 '에너지 버스'를 힘차게 출발시키십시오!

지난 몇 달 동안 저의 화두는 내내 '에너지 버스'였습니다. 번역을 위해 원서를 넘겨받자마자 순식간에 읽어내려 갔습니다. 그리고 저는 주인공인 조지와 함께 울고 웃으며 그가 고민에 빠졌을 때 함께 그 고민 속으로 여행해보기도 하고, 그가 삶의 힌트를 발견할 때마다 마치 제 문제가 해결된 것처럼 기뻐 빙그레 웃음을 짓기도 했습니다.

사실, 저는 교수이자 집필이나 번역을 하는 작가이기도 하지만, '한양대학교 교수학습센터'라는 한 조직을 이끌고 있는 리더이기도 합니다. 다행히 작중 마이클이나 톰과 같은 극단의 에너지 뱀파이어가 저희 팀에는 없지만, 글을 읽는 내내 그리고 번역을 하는 내내 혹시 제가 조금이라도 우리 팀의 에너지 뱀파이어 노릇을 하고 있는 것은 아닌가 돌아보게 됐습니다. 그리고 저의 팀원들이 정말 자신의 긍정 에너지만을 쏟아부어 성취와 행복을 맛볼 수 있는 그런 장(場)을 제가 열어주고 있는지도 돌아보게도 됐고요.

또 제 '인생의 에너지 버스'의 엔진이자 바퀴이자 헤드라이트인, 가정과 일과 저 개인의 비전이라는 몇 가지 요소들을 얼마나 균형 있게 유지하고 관리하고 있는지도 새삼 돌아보게 되었습니다. 집 사람이나 아이들에게 우리 가족을 품는 저의 비전과 꿈을 공유하지 않은 채 무작정 따라오라고 말만 하는 가장은 아니었는지, 또 내가 만나는 주위 사람들에게 그들이 필요로 하는 긍정 에너지를 흠뻑 불어넣어주고 있는지, 하나하나 점검하며 저의 새로운 액션 플랜도 세웠습니다.

이 책의 주인공이 팀장이고, 그의 주된 고민이 팀을 성공적으로 이끄는 것이라고 해서, 혹여 비즈니스 관련 종사자들, 리더들에게만 해당되는 이야기라고 빗금을 딱 쳐놓으실 필요는 없을 것 같습니다.

조이의 말대로 '우리는 모두 우리가 모는 버스의 운전사이고, 때로는 다른 사람의 버스에 올라타야 할 때도 있고, 때로는 내 버스에 다른 사람들을 태워야 할 때도 있기 때문'입니다. 그 때마다 '긍정 에너지'로 가득 차 활짝 웃는 모습으로 기꺼이 누군가의 동승자가 되어주거나 스스로 '에너지 버스'의 운전사가 되어온 세상에 열정과 에너지를 전파한다면 우리의 삶, 주변, 아니 이 세상이 얼마나 달라질지 상상만 해도 즐겁습니다.

지난 연말에 뉴스를 통해 한 훈훈한 이야기를 들었습니다. 회사에서 '한 가지씩 자신이 할 수 있는 선행을 실천하자'는 교육을 받은 한 버스 운전사가 자신의 버스에 크리스마스 장식을 하고 산타 복장을 한 채 승객들에게 힘찬 목소리로 인사를 건네기로 결심하고 한 달에 걸쳐 실행에 옮겼다는 것입니다. 저는 그 기사를 읽고 "이런 분이야말로 '에너지 메신저'다."라고 무릎을 쳤습니다. 그리고 그런 긍정 에너지에 기쁘게 화답하면서 또 큰소리로 인사를 건네는 승객들이 더해진다면, 그 버스의 에너지 지수는 하늘을 찌르지 않겠습니까?

조이의 말대로 '삶에서 가장 중요한 교훈은 가장 단순한 것'입니다. 아침에 일어나 처음 만난 사람들에게 웃으며 눈인사를 건네는 것, 사랑하는 아내와 아이들을 기쁜 마음으로 한번 꼭 껴안아주는 것, 회사에 들어서면서 '오늘 하루도 나를 도와줄 조력자'들을 향해 힘찬 목소리로 인사를 건네는 것, 그리고 하루를 마감하면서 '나는 오늘 내 꿈을 향해 얼마나 더 나아갔는가'를 생각하고 감사하는 것. 그것이 에너지 버스를 통해 에너자이징(Energizing) 된 사람들이 만들어낼 수 있는, 변화된 하루가 아닐까요?

'어렵다, 어렵다' 하면 어려워지고, '즐겁다, 즐겁다' 하면 즐거워집니다. '에너지 버스'라는 나의 애마를 타고 인생이라는 여행길을 신나게 달려봅시다. 그리고 서로의 '에너지 버스'를 향해 이 여행이 너무 재미있지 않느냐고, 함께 달려서 너무 감사하고 신난다고 소리쳐 봅시다. 그러면 세상이라는 에너지 덩어리가 우리를 향해 미소지어주고 우리를 위해 박수쳐줄 겁니다.

저 역시, 그렇게 믿으며 새롭게 오늘 하루를 시작하겠습니다. 독자 여러분, 사랑합니다.

옮긴이 유영만

부록

'에너지 버스 룰'을 실천하기 위한 액션 플랜

이 책에 등장하는 에너지 버스의 룰을 활용하면 긍정 에너지가 충만하고 더불어 성취와 행복을 맛보는 개인, 가족, 팀, 학교, 기업을 만들어갈 수 있습니다. 여기 간단히 정리된 액션플랜과 더불어 자신만의 계획을 세워보세요.

1단계 – 비전 세우기

가족 구성원, 팀원, 함께 당신의 버스에 올라타기를 원하는 주변 사람들을 그룹별로 선별해봅니다. 그런 다음 따로 시간을 내어 그 분들을 불러 모으세요. 먼저 이 '에너지 버스'의 개념에 대해서 간단히 설명해준 다음, 앞으로 당신이 어느 방향으로 버스를 몰고 가고 싶은지 공유하세요. 당신이 일방적으로 수립한 비전을 통보하기보다 모인 분들의 의견을 듣거나 함께 비전을 구상하는 쪽이 더 좋겠지요? 이 과정에서 어려움을 느낀다면, 다음과 같은 질문의 대답을 생각해보세요.

❶ 우리에게 주어진 목표는 무엇인가?

❷ 우리는 미래에 어떤 모습이 되고 싶은가?

❸ 우리는 무엇을 이루고 싶은가?

2단계 – 비전을 위해 필요한 연료 점검

비전을 세웠다면 그것을 향해 힘차게 달려갈 수 있는 버스의 연료가 충분히 채워져 있는지 살펴봐야겠지요? 다음과 같은 질문을 통해서 당신의, 혹은 당신의 가족이나 팀의 에너지 버스 연료를 점검해보세요. 그것에 대해 고민을 하다보면 1단계로 되돌아가 비전을 수정해야 할 경우도 있습니다.

❶ 우리의 비전이 구성원 개개인의 발전에 어떻게 도움을 줄까?

❷ 우리의 비전이 다른 이들에게 어떻게 도움을 줄까?

❸ 우리는 얼마나 위대해질 수 있을까? 우리가 도달할 수 있는 최상의 모습은 무엇일까?

❹ 우리는 무엇을 위해 존재하는 것일까?

❺ 남들보다 조금이라도 다르게, 무엇을 차별화시킬 수 있을까?

3단계 – 글로 적은 비전과 목표

앞의 1, 2단계를 통해 커다란 비전이 도출됐을 것입니다. 또 그 비전을 이루기 위해 구성원 각자가 어떤 모습이어야 할지도 2~3문장으로 정리되었을 것입니다. 마치, 본문 중에서 조지와 그의 팀원들이 정리했던 문구처럼 말입니다.

그 비전과 목표를 예쁜 종이에 정성껏 적어 넣습니다. 다음 4단계에서 활용하기 쉽도록 각각 여러 벌을 만들어놓으면 좋겠지요.

4단계 – 비전에 집중하기

3단계에서 정리한 비전과 목표를 구성원 모두에게 나누어줍니다. 책상 위, 가계부 첫장, 화장대 위, 수첩 표지 등 어디든 붙일 수 있는 크기이면 좋겠지요. 그리고 구성원들이 다같이 생활하는 공간의 잘 보이는 곳에도 그것을 프린트해 커다랗게 붙여놓습니다. 현관 입구, 사무실 입구에서 가장 잘 보이는 벽면, 통근버스 벽면, 어디든 좋습니다. 그리고 구성원 모두가 이렇게 실천하도록 독려하세요.

❶ 매일 시간이 날 때마다 그 비전과 목표를 수시로 수시로 들여다보고 큰소리로 읽어봅니다. 비전을 글로 쓰는 순간, 그리고 그것을 매일 읽고 확인할 때, 점점 더 그 비전에 가까이 가게 된다는 걸 잊지 마세요.

❷ 그 비전을 이루었을 때 우리 가족, 팀, 회사, 단체의 모습을

하루 10분씩 마음속으로 선명하게 그려봅니다. 잠자기 전이나 일어나자마자 혹은 저녁식사 테이블에서나 회의 시작 전, 일종의 '일과'로 만든다면 더 좋겠지요?

5단계 – 계획은 구체적으로

이것은 구성원의 리더가 해야 하는 부분입니다. 가족이라면 엄마나 아빠, 팀이라면 팀장, 회사라면 CEO, 단체라면 단체장이 주도적으로 해야 하는 것이지요. 물론 구성원들 각자도 여기에 아이디어를 보태거나 스스로 계획을 세우도록 유도하는 것이 좋습니다.

❶ 비전을 이루기 위해 필요한 세부적인 목표들을 생각해본 다음 그것을 글로 정리합니다. 10년, 5년, 3년, 1년, 분기, 월 단위로 쪼개어 역산해본다면 더 체계적인 계획이 나오겠지요. 계획은 측정이 가능하도록 수치나 정확한 상태로 표현되어야 실현될 가능성이 더 높아집니다. 예를 들어 '10년 후, 우리 딸이 발레리나가 되기 위해서는 3년 후 예술고등학교에 입학하고, 중학교에서는 ㅇㅇ발레 콩쿠르에서 3위 이내로 입상을 하고….' 하는 식으로 잡아보는 것입니다.

❷ 가능하다면 수시로 1번에서 글로 정리한 세부 목표들을 성취하기 위해서 필요한 구체적인 실천계획을 수립한 다음, 구성원들과 공유합니다. 큰 비전을 잘게 쪼개었을 때 실천하기

쉽고, 그렇게 실현 가능한 꿈이 눈앞에 제시될 때 에너지도 최상의 상태로 유지되게 마련입니다.

6단계 – 버스에 태우기

지금까지 비전과 목표를 세우고 그 구체적인 실천 계획을 세웠습니다. 그렇다면 우리 버스에 올라타 이것을 도와줄 사람들을 선별하고 그들을 버스에 초대해야 합니다. 조지처럼 처음부터 구성원들을 버스에 태우지 못한 경우라면 앞의 단계들을 실행하기 전에 먼저 이 단계를 실행해야 합니다.

❶ 지금까지 세운 비전과 목표, 계획의 실천을 도와줄 사람, 즉 버스에 탈 사람을 선별합니다.

❷ 그들을 버스에 초대하세요. 책 맨 뒤에 있는 '에너지 버스 티켓'을 오려내 작성한 다음, 선별한 사람들에게 보냅니다. 가급적 직접 전달하면서 설명해주는 것이 더 좋겠지요?

7단계 – 버스에 긍정 에너지와 열정 채워 넣기

에너지 버스가 힘차게 달리기 위해서는 매일매일 승객들을 열정과 에너지로 자극해야 합니다. 부정 에너지나 '에너지 뱀파이어'들이 끼어들 틈이 없도록 항상 긍정 에너지로 충전시키세요.

❶ 긍정 에너지를 높일 수 있는 아이디어들을 모아 실천항목들을 고안해보고 하나하나 실천에 옮겨보세요. 신명이 넘치는

인사말, 헤어질 때 서로에게 용기를 불어넣어주는 방법, 전화 받을 때의 인사말, 에너지 넘치는 실내 인테리어…. 무엇이라도 좋겠지요?

❷ 신체적인 에너지를 유지하는 것도 매우 중요한 일입니다. 정크 푸드 대신 몸에 좋은 음식으로 하루 세 끼를 거르지 말고 먹고, 담배나 커피를 피하고 물을 많이 마시는 것, 또 하루에 다만 얼마라도 운동을 하는 것은 긍정 에너지를 높이는 좋은 방법입니다.

8단계 – '에너지 뱀파이어 탑승 금지' 표지판

혹시라도 구성원 중에 '에너지 뱀파이어'가 있다면, 혹은 거래처나 이웃, 친척 중에 '에너지 뱀파이어'가 있다면 그들에게 '탑승 금지' 표지판을 높이 드세요. 물론 하기 힘들 수도 있습니다. 하지만 그분들을 설득하거나 교묘하게(?)라도 피하는 것이 에너지 버스의 순항을 도모하는 길임을 잊지 마세요.

❶ 일단 대화를 시도해봅니다. 그들의 부정적인 태도와 의심 때문에 다들 얼마나 힘들어하고 있는지, 왜 그런 태도를 취하는지 솔직담백하게 이야기를 나누어봅니다. 그리고 긍정적인 태도로 버스에 함께 올라타주길 권유합니다. 필요하다면 몇 번이라도 기회를 주세요.

❷ 기회를 주었는데도 전혀 변화할 기미가 보이지 않거나, 의도

적으로 부정적인 태도를 더 보인다면 버스에서 쫓아내십시오. 다른 버스를 타라고 말하십시오. 그리고 가급적 만나지도 말고, 전화도 받지 말고, '나는 당신을 만나지 않을 것'이라고 공표하십시오.

9단계 – 역경과 장애물 극복하기

아무리 훌륭한 팀이라 해도 역경과 도전에 직면하며 장애물과 맞서 싸우게 마련입니다. 누구든지 시험의 시간을 겪게 돼 있습니다. 그러나 진정으로 훌륭한 팀은 타이어에 펑크가 났다고 해서 중간에 멈춰 서지 않습니다. 힘든 문제에 부딪혔을 때, 좌절과 역경의 시기를 겪을 때는 불평과 신음소리 대신 다음과 같은 생각을 해보세요. 조이가 가르쳐줬듯이, 머릿속의 쓰레기통에 불평과 신음소리를 던져버리고, 대신 다음과 같은 생각을 채워 넣으세요. 그러면 그 역경이 도약의 기회가 되어줄 것입니다.

❶ 여기에서 우리는 무엇을 배울 수 있는가?
❷ 이 역경이 우리에게 알려주려 하는 바는 무엇일까?
❸ 이 역경을 통해서 우리는 어떤 방향으로 발전할 수 있을까?
❹ 이번 시련은 우리에게 혹시 어떤 의미에서 기회가 될 수 있지 않을까?

10단계 – 승객들을 사랑하기

비전과 목표를 향해 달리는 동안, 운전사와 승객을 막론하고 우리 모두는 서로를 사랑해야 합니다. 그리고 각자 자신이 운전사로서 다른 승객들을 사랑하고 그것을 표현할 수 있는 방법이 무엇일까 늘 생각하고 고민해야 합니다. 그것이 결국 인생을 값지게 해주는 가장 소중한 선물이니까요.

❶ 승객들을 인정해줄 수 있는 방법은 무엇인가?

❷ 승객들과 값진 시간을 보낼 방법은 무엇인가?

❸ 어떻게 하면 승객들의 말을 좀더 잘 들을 수 있는가?

❹ 승객들을 섬기고 그들이 발전하는 데 관심을 기울일 방법은 무엇인가?

❺ 승객들의 장점을 끌어내는 방법은 무엇인가? 어떻게 하면 그들이 가진 잠재력을 최대한 발휘하게 할 수 있을까?

11단계 – 버스 여행을 마음껏 즐기기

이 버스 여행은 즐거워야 한다는 사실을 명심하세요. 여행을 하는 동안 당신이 괴롭거나 지겨워진다면 아무리 거창한 목표지점을 향해 달린다고 해도 아무 의미가 없습니다. 어떻게 하면 더 신나고 성공적인 여행이 될지 승객들과 끊임없이 대화하세요. 직장에서, 집에서 좀더 즐겁게 일하고 생활할 수 있는 방법을 생각해보세요. 얼굴에 웃음을 잃지 마세요.

인생이라는 당신의 버스 여행은 단 한 번뿐입니다. 그러니 주저하지 말고 당신의 모든 열정을 다해 여행을 마음껏 즐기세요! 에너지 버스의 엔진을 있는 힘껏 가동하면서. 부르릉!!

에너지 버스 | 특별판 |

2007년 2월 5일 초판 1쇄 | 2024년 5월 8일 18쇄 발행

지은이 존 고든
펴낸이 박시형, 최세현

책임편집 최세현
마케팅 양근모, 권금숙, 양봉호, 이도경 **온라인홍보팀** 신하은, 현나래, 최혜빈
디지털콘텐츠 최은정 **해외기획** 우정민, 배혜림
경영지원 홍성택, 강신우, 이윤재 **제작** 이진영
펴낸곳 ㈜쌤앤파커스 **출판신고** 2006년 9월 25일 제406-2006-000210호
주소 서울시 마포구 월드컵북로 396 누리꿈스퀘어 비즈니스타워 18층
전화 02-6712-9800 **팩스** 02-6712-9810 **이메일** info@smpk.kr

ISBN 978-89-6570-943-5 (03320)

에너지 버스 티켓

이 버스 티켓은 이 책에서 조지가 팀원들에게 건네주고
그들을 자신의 버스에 초대했듯이, 당신의 버스에
당신이 아끼는 사람들을 초대하기 위한 초청장입니다.
마음으로부터 우러나오는 깊은 사랑과 감사를 담아,
한 장 한 장 티켓을 발부해보세요.

Energy Bus Ticket

사랑하고 존경하는 ____________ 님
저의 '에너지 버스'에 당신을 초대합니다.

이 버스는 ______________________라는 저의 비전을 목적지로 두고 있습니다.
이 여행길에 저의 멋진 동승자이자 응원군으로 귀하께서 꼭 함께 해주시기를 바랍니다.

년 월 일 _______________ 드림

Energy Bus Ticket

사랑하고 존경하는 ____________ 님
저의 '에너지 버스'에 당신을 초대합니다.

이 버스는 ______________________라는 저의 비전을 목적지로 두고 있습니다.
이 여행길에 저의 멋진 동승자이자 응원군으로 귀하께서 꼭 함께 해주시기를 바랍니다.

년 월 일 _______________ 드림

Energy Bus Ticket

사랑하고 존경하는 ____________ 님
저의 '에너지 버스'에 당신을 초대합니다.

이 버스는 ______________________라는 저의 비전을 목적지로 두고 있습니다.
이 여행길에 저의 멋진 동승자이자 응원군으로 귀하께서 꼭 함께 해주시기를 바랍니다.

년 월 일 _______________ 드림

Energy Bus Ticket

사랑하고 존경하는 ____________ 님
저의 '에너지 버스'에 당신을 초대합니다.

이 버스는 ______________________라는 저의 비전을 목적지로 두고 있습니다.
이 여행길에 저의 멋진 동승자이자 응원군으로 귀하께서 꼭 함께 해주시기를 바랍니다.

년 월 일 _______________ 드림

ENERGY BUS TICKET

제 초대에 기꺼이 응하신다면,
아래에 귀하의 이름을 적고서명하셔서 제게 보내주세요.
동승을 결심해주신 데 깊이 감사를 드립니다.

초대를 수락합니다.
지금 이시간 이후로 당신의 버스에 동승하겠습니다.

년 월 일 ______________(서명)

ENERGY BUS TICKET

제 초대에 기꺼이 응하신다면,
아래에 귀하의 이름을 적고서명하셔서 제게 보내주세요.
동승을 결심해주신 데 깊이 감사를 드립니다.

초대를 수락합니다.
지금 이시간 이후로 당신의 버스에 동승하겠습니다.

년 월 일 ______________(서명)

ENERGY BUS TICKET

제 초대에 기꺼이 응하신다면,
아래에 귀하의 이름을 적고서명하셔서 제게 보내주세요.
동승을 결심해주신 데 깊이 감사를 드립니다.

초대를 수락합니다.
지금 이시간 이후로 당신의 버스에 동승하겠습니다.

년 월 일 ______________(서명)

ENERGY BUS TICKET

제 초대에 기꺼이 응하신다면,
아래에 귀하의 이름을 적고서명하셔서 제게 보내주세요.
동승을 결심해주신 데 깊이 감사를 드립니다.

초대를 수락합니다.
지금 이시간 이후로 당신의 버스에 동승하겠습니다.

년 월 일 ______________(서명)

Energy Bus Ticket

사랑하고 존경하는 ________ 님
저의 '에너지 버스'에 당신을 초대합니다.

이 버스는 ______________라는 저의 비전을 목적지로 두고 있습니다.
이 여행길에 저의 멋진 동승자이자 응원군으로 귀하께서 꼭 함께 해주시기를 바랍니다.

년 월 일 __________드림

Energy Bus Ticket

사랑하고 존경하는 ________ 님
저의 '에너지 버스'에 당신을 초대합니다.

이 버스는 ______________라는 저의 비전을 목적지로 두고 있습니다.
이 여행길에 저의 멋진 동승자이자 응원군으로 귀하께서 꼭 함께 해주시기를 바랍니다.

년 월 일 __________드림

Energy Bus Ticket

사랑하고 존경하는 ________ 님
저의 '에너지 버스'에 당신을 초대합니다.

이 버스는 ______________라는 저의 비전을 목적지로 두고 있습니다.
이 여행길에 저의 멋진 동승자이자 응원군으로 귀하께서 꼭 함께 해주시기를 바랍니다.

년 월 일 __________드림

Energy Bus Ticket

사랑하고 존경하는 ________ 님
저의 '에너지 버스'에 당신을 초대합니다.

이 버스는 ______________라는 저의 비전을 목적지로 두고 있습니다.
이 여행길에 저의 멋진 동승자이자 응원군으로 귀하께서 꼭 함께 해주시기를 바랍니다.

년 월 일 __________드림

ENERGY BUS TICKET

제 초대에 기꺼이 응하신다면,
아래에 귀하의 이름을 적고서명하셔서 제게 보내주세요.
동승을 결심해주신 데 깊이 감사를 드립니다.

초대를 수락합니다.
지금 이시간 이후로 당신의 버스에 동승하겠습니다.

년 월 일 ____________ (서명)

ENERGY BUS TICKET

제 초대에 기꺼이 응하신다면,
아래에 귀하의 이름을 적고서명하셔서 제게 보내주세요.
동승을 결심해주신 데 깊이 감사를 드립니다.

초대를 수락합니다.
지금 이시간 이후로 당신의 버스에 동승하겠습니다.

년 월 일 ____________ (서명)

ENERGY BUS TICKET

제 초대에 기꺼이 응하신다면,
아래에 귀하의 이름을 적고서명하셔서 제게 보내주세요.
동승을 결심해주신 데 깊이 감사를 드립니다.

초대를 수락합니다.
지금 이시간 이후로 당신의 버스에 동승하겠습니다.

년 월 일 ____________ (서명)

ENERGY BUS TICKET

제 초대에 기꺼이 응하신다면,
아래에 귀하의 이름을 적고서명하셔서 제게 보내주세요.
동승을 결심해주신 데 깊이 감사를 드립니다.

초대를 수락합니다.
지금 이시간 이후로 당신의 버스에 동승하겠습니다.

년 월 일 ____________ (서명)

Energy Bus Ticket

사랑하고 존경하는 __________ 님
저의 '에너지 버스'에 당신을 초대합니다.

이 버스는 ____________________라는 저의 비전을 목적지로 두고 있습니다.
이 여행길에 저의 멋진 동승자이자 응원군으로 귀하께서 꼭 함께 해주시기를 바랍니다.

년 월 일 ______________ 드림

Energy Bus Ticket

사랑하고 존경하는 __________ 님
저의 '에너지 버스'에 당신을 초대합니다.

이 버스는 ____________________라는 저의 비전을 목적지로 두고 있습니다.
이 여행길에 저의 멋진 동승자이자 응원군으로 귀하께서 꼭 함께 해주시기를 바랍니다.

년 월 일 ______________ 드림

Energy Bus Ticket

사랑하고 존경하는 __________ 님
저의 '에너지 버스'에 당신을 초대합니다.

이 버스는 ____________________라는 저의 비전을 목적지로 두고 있습니다.
이 여행길에 저의 멋진 동승자이자 응원군으로 귀하께서 꼭 함께 해주시기를 바랍니다.

년 월 일 ______________ 드림

Energy Bus Ticket

사랑하고 존경하는 __________ 님
저의 '에너지 버스'에 당신을 초대합니다.

이 버스는 ____________________라는 저의 비전을 목적지로 두고 있습니다.
이 여행길에 저의 멋진 동승자이자 응원군으로 귀하께서 꼭 함께 해주시기를 바랍니다.

년 월 일 ______________ 드림

ENERGY BUS TICKET

제 초대에 기꺼이 응하신다면,
아래에 귀하의 이름을 적고서명하셔서 제게 보내주세요.
동승을 결심해주신 데 깊이 감사를 드립니다.

초대를 수락합니다.
지금 이시간 이후로 당신의 버스에 동승하겠습니다.

년 월 일 ______________ **(서명)**

ENERGY BUS TICKET

제 초대에 기꺼이 응하신다면,
아래에 귀하의 이름을 적고서명하셔서 제게 보내주세요.
동승을 결심해주신 데 깊이 감사를 드립니다.

초대를 수락합니다.
지금 이시간 이후로 당신의 버스에 동승하겠습니다.

년 월 일 ______________ **(서명)**

ENERGY BUS TICKET

제 초대에 기꺼이 응하신다면,
아래에 귀하의 이름을 적고서명하셔서 제게 보내주세요.
동승을 결심해주신 데 깊이 감사를 드립니다.

초대를 수락합니다.
지금 이시간 이후로 당신의 버스에 동승하겠습니다.

년 월 일 ______________ **(서명)**

ENERGY BUS TICKET

제 초대에 기꺼이 응하신다면,
아래에 귀하의 이름을 적고서명하셔서 제게 보내주세요.
동승을 결심해주신 데 깊이 감사를 드립니다.

초대를 수락합니다.
지금 이시간 이후로 당신의 버스에 동승하겠습니다.

년 월 일 ______________ **(서명)**